唐秉玄台幹班日記

（1944-1945）

The Diary of Tang Ping-hsuan, 1944-1945

民國日記｜總序

呂芳上
民國歷史文化學社社長

人是歷史的主體，人性是歷史的內涵。「人事有代謝，往來成古今」（孟浩然），瞭解活生生的「人」，才較能掌握歷史的真相；愈是貼近「人性」的思考，才愈能體會歷史的本質。近代歷史的特色之一是資料閎富而駁雜，由當事人主導、製作而形成的資料，以自傳、回憶錄、口述訪問、函札及日記最為重要，其中日記的完成最即時，描述較能顯現內在的幽微，最受史家重視。

日記本是個人記述每天所見聞、所感思、所作為有選擇的紀錄，雖不必能反映史事整體或各個部分的所有細節，但可以掌握史實發展的一定脈絡。尤其個人日記一方面透露個人單獨親歷之事，補足歷史原貌的闕漏；一方面個人隨時勢變化呈現出不同的心路歷程，對同一史事發為不同的看法和感受，往往會豐富了歷史內容。

中國從宋代以後，開始有更多的讀書人有寫日記的習慣，到近代更是蔚然成風，於是利用日記史料作歷

史研究成了近代史學的一大特色。本來不同的史料，各有不同的性質，日記記述形式不一，有的像流水帳，有的生動引人。日記的共同主要特質是自我（self）與私密（privacy），史家是史事的「局外人」，不只注意史實的追尋，更有興趣瞭解歷史如何被體驗和講述，這時對「局內人」所思、所行的掌握和體會，日記便成了十分關鍵的材料。傾聽歷史的聲音，重要的是能聽到「原音」，而非「變音」，日記應屬原音，故價值高。1970年代，在後現代理論影響下，檢驗史料的潛在偏見，成為時尚。論者以為即使親筆日記、函札，亦不必全屬真實。實者，日記記錄可能有偏差，一來自時代政治與社會的制約和氛圍，有清一代文網太密，使讀書人有口難言，或心中自我約束太過。顏李學派李塨死前日記每月後書寫「小心翼翼，俱以終始」八字，心所謂為危，這樣的日記記錄，難暢所欲言，可以想見。二來自人性的弱點，除了「記主」可能自我「美化拔高」之外，主觀、偏私、急功好利、現實等，有意無心的記述或失實、或迴避，例如「胡適日記」於關鍵時刻，不無避實就虛，語焉不詳之處；「閻錫山日記」滿口禮義道德，使用價值略幾近於零，難免令人失望。三來自旁人過度用心的整理、剪裁、甚至「消音」，如「陳誠日記」、「胡宗南日記」，均不免有斧鑿痕跡，不論立意多麼良善，都會是史學研究上難以彌補的損失。史料之於歷史研究，一如「盡信書不如無書」的話語，對證、勘比是個基本功。或謂使用材料多方查證，有如老吏斷獄、法官斷案，取證求其多，追根究柢求其細，庶幾還原

案貌，以證據下法理註腳，盡力讓歷史真相水落可石出。是故不同史料對同一史事，記述會有異同，同者互證，異者互勘，於是能逼近史實。而勘比、互證之中，以日記比證日記，或以他人日記，證人物所思所行，亦不失為一良法。

從日記的內容、特質看，研究日記的學者鄒振環，曾將日記概分為記事備忘、工作、學術考據、宗教人生、游歷探險、使行、志感抒情、文藝、戰難、科學、家庭婦女、學生、囚亡、外人在華日記等十四種。事實上，多半的日記是複合型的，柳詒徵說：「國史有日歷，私家有日記，一也。日歷詳一國之事，舉其大而略其細；日記則洪纖必包，無定格，而一身、一家、一地、一國之真史具焉，讀之視日歷有味，且有補於史學。」近代人物如胡適、吳宓、顧頡剛的大部頭日記，大約可被歸為「學人日記」，余英時翻讀《顧頡剛日記》後說，藉日記以窺測顧的內心世界，發現其事業心竟在求知慾上，1930 年代後，顧更接近的是流轉於學、政、商三界的「社會活動家」，在謹厚恂恂君子後邊，還擁有激盪以至浪漫的情感世界。於是活生生多面向的人，因此呈現出來，日記的作用可見。

晚清民國，相對於昔時，是日記留存、出版較多的時期，這可能與識字率提升、媒體、出版事業發達相關。過去日記的面世，撰著人多半是時代舞台上的要角，他們的言行、舉動，動見觀瞻，當然不容小覷。但，相對的芸芸眾生，識字或不識字的「小人物」們，在正史中往往是無名英雄，甚至於是「失蹤者」，他們

如何參與近代國家的構建，如何共同締造新社會，不應該被埋沒、被忽略。近代中國中西交會、內外戰事頻仍，傳統走向現代，社會矛盾叢生，如何豐富歷史內涵，需要傾聽社會各階層的「原聲」來補足，更寬闊的歷史視野，需要眾人的紀錄來拓展。開放檔案，公布公家、私人資料，這是近代史學界的迫切期待，也是「民國歷史文化學社」大力倡議出版日記叢書的緣由。

編輯說明

一、 對日抗戰末期，國民政府在重慶復興關開辦中央
訓練團台灣行政幹部訓練班，展現收復台灣的決
心，正式啟動戰後接管台灣的預備機制。其中學
員——唐秉玄——受訓日記的發現，彌補檔案文
獻的闕漏，有助於史實的瞭解，開啟了新的研究
蹊徑。

二、 本書係以唐秉玄先生民國 33 年 12 月 25 日至民國
34 年 8 月 16 日在該訓練班受訓時的日記、筆記為
主體，附以研究論文〈日記中的歷史：唐秉玄《日
記簿》中的台灣行政幹部訓練班〉及相關檔案，
編輯而成。

三、 本書文字以現代標點進行斷句，遇有明顯錯別字
詞，則加具註腳說明。

四、 日記、筆記原稿略有破損，如遇字跡無法辨識
者，均以□符號代表，每一個□符號代表一字。

四、 本書改原件豎排文字為橫排，原文中提及「如
左」（即如前）、「右列」（即下列）等文字皆
不予更動。

五、 為便利閱讀，異體字、俗寫字、通同字皆改為現
行字，平抬、挪抬等書寫格式，一概從略。統計
表格內容皆改以阿拉伯數字呈現。

六、 本書涉及人物、事件複雜，議題涵蓋廣泛，編者思
慮難免不周，如有錯誤疏漏，尚請讀者不吝指正。

原稿選錄

目　錄

1944 年日記

12 月 25 日　星期一　晴

本日起開始受課，第一節邵力子先生講三民主義，對主義之由來，以及在哲學上之基礎，闡述至詳。

呈報教部，報告入團受訓情形，並請示原職如何派人代理。

蘇中舊生沈裕庶自大學先修班來函，參加智識青年從軍，特去函嘉慰，並勗勉蘇中其他同學響應。

12 月 26 日　星期二　晴

本日第一節邵力子先生續講三民主義，對民生主義之講述以及今後民生方面應注意之點，頗多獨到之處。

黨義研究會分組名單公佈，余列入第一組，開會地點在大禮堂，下午二時舉行第一次研究會，研究民族主義部份。推舉餐事委員及各組領隊人選。

12 月 27 日　星期三　晴

日、英文分組學習，余加入日文乙組。

奉教部戰指會通知，一至三月份薪津准予發給。

班本部發學員手簿每人四冊。

本班管理，採取高度自治，充分發揮自覺、自動、自治精神，為本團管理方針上之一大轉變。

12 月 28 日　星期四　晴

舉行第二次黨義研究會，討論民權主義部份，對為

何提早結束訓政一節，辯論至為熱烈。

　　本團浴室開放，下午七時沐浴。

　　本日起開始晨操。

　　本日起，開始學日語。

12 月 29 日　星期五　霧雨

　　呈請教部，請補助治裝費。

　　下午七時，舉行區分部黨員大會。

　　周副主任訓話，對學員請假問題，頗多指示，各同學深為感動。

　　晚餐後，全班同學集合飯廳討論請假問題。結果：（一）星期四請假外出一條取消；（二）星期日請假外出，翌日上午八時回團。由三分隊長轉呈核示。

12 月 30 日　星期六　晴

　　本日黨義研究會，邵力子先生出席指導，對同學所提出討論之問題，均有極詳盡之指示。

　　中午應同鄉余井塘、趙棣華、葉秀峯三先生之約，赴中正路航業大樓會餐，到洪蘭友、吳保豐等六十餘人。

　　晚七時舉行座談會，各同學自我介紹，談笑風生，異常熱鬧。

12 月 31 日　星期日　晴

　　晨八時，辦公廳金主任代表教育長檢查內務。

　　九時舉行國父紀念週，由教育長主席，並訓示兩

點：（1）自覺、自動精神均能充分發揮，深感滿意，
盼今後加強運用；（2）各部門協同聯繫之精神比較欠
缺，深望今後團結一致，密切聯繫，以共求進步。

1945 年日記

1月1日　星期一　晴

上午六時四十分，舉行升旗、國民月會暨中華民國開國紀念典禮及新年團拜儀式，由教育長主席，並即席訓示兩點：（1）新，要日日新，苟日新；（2）行，要踐履篤實，於力行中求真知，以迎接勝利年。

下午六時參加晚會，國立戲劇學校表演班超從軍，頗為精彩。

1月2日　星期二　晴

冷水洗面，初覺痛苦，現已漸成習慣。與余由蘇皖徒步來渝之舊生沈裕庶此次參加青年軍，本日來此話別。

何中隊長訓話，對同學請假手續及生活改進各點，頗多指示。

讀總裁元旦文告，對提早實施憲政一節，深為感奮。

1月3日　星期三　晴

青年團規章研究，先由同學提出問題，然後由講師分別答覆，頗能引起同學研究興趣。

近來本班生活漸趨緊張，深感時間不敷支配，尤以研究時間太少，引為憾事。

下午到本團攝影室攝影。

任穎輝先生擔任本組訓育幹事。

1月4日　星期四　晴

本日下午黨義研究會，仍由邵力子先生出席指導，對三民主義與戰後世界和平之關係，以及實行民生主義之技術上之困難，指示頗詳。

本班前三週講授一般課程，自第四週起專業研究。惟一般共同課程，未發給講義，殊為缺憾。

1月5日　星期五　霧雨

本日下午，徐培根先生蒞團演講，講題：「戰爭原理與其進化」。從原始時代起至近代止，戰爭上之武器、戰略、戰術之演進情形，闡述極詳。其打虎公約一節，尤為精采。

下午六時理髮。

1月6日　星期六　晴

下午二時，參加黨義研究會，研究題：（1）知難行易學說，對民族之貢獻如何？（2）知難行易學說與力行哲學；（3）總理說：「能知必能行」，總裁說：「不行不能知」，其關係如何？

晚七時參加晚會，放映蘇聯影片「光明之路」。

1月7日　星期日　雨

上午七時四十分，教育長檢查內務。

九時，舉行國父紀念週，教育長主席，行禮後即席訓示兩點：（1）篤信主義、（2）研究科學。

十一時，到川東師範教部晤曹漱逸先生，下午進

城訪友沐浴。

1月8日 星期一 陰

整理黨義研究筆記。

李旭旦先生講台灣地理，每人發台灣地圖一張，按圖講解，尚能引領興趣。

1月9日 星期二 晴

陳教育長講日本統治台灣之經過，分六點說明：（1）統治台灣目的、（2）統治過程、（3）統治的工具、（4）統治方法、（5）統治短處、（6）統治的長處，每人發給綱要一紙。黨義研究會，陳立夫先生出席指導，指示建國工作須注意物質、組織、管理、心理四方面。

1月10日 星期三 晴

本日「日本統治台灣經過」一課，原由王芃生擔任，王因病改請謝南光講授。謝為台灣革命領袖，對台灣情形之講述，頗多獨到之處。

余井塘先生講本黨規章，對本黨總章分：（1）黨員、（2）組織、（3）黨之運用、（4）黨之紀律、（5）監察權之運用五點說明，使聽者極易了解。

1月11日 星期四 晴

郭廷以先生講台灣歷史，材料頗充分，惜吐詞不甚清楚，不易記錄。

　　黨義研究會討論實業計劃部份，葉秀峯先生出席指導。

　　美軍大舉進攻呂宋，頗感興奮。

　　宿舍有上、下床之分，為平允計，似宜每月上下互調一次，較為妥當。

1月12日　星期五　晴

　　上午黨義研究時間，改由教育長講授日本統治台灣經過。

　　晚七時參加第三區分部黨員大會，推選區黨員大會主席團一人，區執監委員候選人六人，並提請中央從速確定台灣行政制度案。

　　「本日黨義研究會，仍由葉秀峯先生指導」。

1月13日　星期六　晴

　　本日黨義研究會，因指導員葉秀峯先生因病未能出席，改為黨義研究。

　　班副主任周一鶚先生召集全體同學訓話，指示分組專業研究辦法，及應注意各點，對日常生活亦多糾正。

　　晚七時本組舉行討論會，討論本組興革事項及聯誼辦法。

1月14日　星期日　晴

　　上午八時舉行總理紀念週，教育長主席，行禮後，教務組洪組長報告業務。

　　下午進城，晤及厚鈞、海樵、獨真諸人，晚七時

回團。

1 月 15 日　星期一　晴

本週起，開始專業研究。

本組主任趙迺傳先生講授中學教育之目的，並提出研究題五則，以供本組同學討論。

郭彝民先生講日本統治台灣之經過，郭曾任台灣總領事，廿七年始離台歸國，對台灣情形，頗為熟悉。

函旅川蘇臨中教務主任胡其博兄，推薦理化教員二人。（楊明聲夫婦）

本日起開始治砂眼。

1 月 16 日　星期二　晴

升旗後，周主任訓話：（1）禁止小組聚餐、（2）利用早操剩餘時間練習外國語、（3）早晨有少數同學，取熱水洗面，應予禁止。

本日黨義研究會改期舉行。

日語講師何先生請假。

自本日起副食費增加玖百廿元。

本日晚餐起，實行分食，同學無不稱快。

1 月 17 日　星期三　晴

升旗後，教育長訓示兩點：（一）提倡節約，禁止無謂酬應；（二）珍惜公物。

本日晨操後，開始練習日語，由精通日語之謝掙強同學擔任指導，從日常普通用語練習起，頗感興趣。

日來電燈時常熄滅，晚間自修，頗受影響。

本日為學員沐浴時間，余以體弱畏寒，未敢入浴。

1月18日　星期四　晴

膳食自副食費增加後，質量均較前進步，尤以分食辦法實行，不受「菜荒」之影響，各人均能從容裝飽肚皮。日來打「牙祭」之風，已不禁自絕。

日來美軍在呂宋及南中國南海一帶，發展甚速，美人作事之果敢迅速確實之精神，殊堪嘆服！

1月19日　星期四　晴

下午三時舉行黨義研究會，研究本黨法規部份，余井塘先生出席指導，研究題：（一）「本黨應否設副總裁制」：辯論甚久，會場空氣極為緊張，結果舉手表決，贊成仍設副總裁制者佔多數。（二）「如何健全本黨選舉制度」：發言者亦甚多，惟均偏重消極的防止舞弊方面，積極的如何建立新的選舉制度，未能充分討論和發揮。會場秩序欠佳，主席更未能把握時間，控制會場，尤屬憾事。

晚七時，參加青年團第二分隊會議，選舉分隊長附，並討論征收團員辦法及應行活動事項。

1月20日　星期六　晴

上午十時，本組舉行中學教育第一次討論會，討論題：「我國中學之宗旨，於民族文化之培育，及學生升學、就業均曾兼顧，將來台灣之中學於制度及設施方

面，應如何切實遵循，通盤籌劃，以廣造就，而宏效益。」各同學對接收後之台灣中學教育制度，及私立中等學校應否立即改為官立問題，辯論甚久。

下午四時，團長蒞團巡視一週。

晚六時舉行第二次晚會，中央廣播電台音樂組來團表演，以琵琶獨奏「復興關行」、「陽關三疊」，最為精彩，博得掌聲不少。

1月21日　星期日　晴

今晨在洗面室發現同學二名，仍取熱水洗面，置團體紀律於不顧，殊堪痛心。

八時舉行國父紀念週，經理組長報告業務後，教育長訓話「注意整潔衛生」。

1月22日　星期一　陰

本週教育行政及學校行政，由朱經農先生講授。上午攜來各國教育行政系統、學制系統及本國大中小學校組織圖表多種，懸掛四壁，按圖講解，頗為明晰。

本團前面新製之「新、實、速」之標語，頗為醒目，令人望而警惕。

本團新建之中台路已漸完成，聞此路前由市工務路估計，約需五百萬餘元，現由本團辦公廳金主任督導團內兵伕建築，未費政府一文，誠屬難能可貴之壯舉。「精神可以戰勝物質」、「精神可以創造物質」之信念，於此益為堅定。

函瀟揚、長耀諸友人，賀回蘇工作。

1月23日　星期二　晴

上午八時，舉行教育行政討論會，討論題：「試將中國教育行政系統與台灣現行制度作一比較，並研究如何能將中國教育行政制度運用於台灣，以加強各級聯繫，增進行政效率。」

日來伙食又較前為劣，關係監廚同學未能盡職之故。

中印公路通車，三年來我國之陸上封鎖，從此打開，欣忭無似。

1月24日　星期三　晴

本班定於二月一日補行開學典禮，李中隊附講述應注意事項。

本班區黨部定於廿五日選舉執監委員，日來各候選同學，頗為活躍。

美第三艦隊行蹤秘密，已有五日與外界不通音訊，諒不久將有驚人表演。

本班歌詠隊本日成立。

1月25日　星期四　晴

日來活動選舉同學，姿態百出，形形色色，於操場、飯廳、廁所均可隨時見到。不參加競選之同學，頗有左右做人難之苦。

晚七時，本團第一區黨部舉行成立大會，選舉薛人仰等五人為執委，顧鴻傳為監委，並通過慰勞前方將士及向總裁致敬電兩通，八時半散會。

1月26日　星期五　晴

下午舉行第一次勞動服務，周主任講述勞動服務之意義。何隊長講明方法後，開始至中台路旁取土運至團內，同學無大爭先恐後，情緒至為熱烈。

1月27日　星期六　晴

上午朱經農先生續講教育行政問題，對各同學之教育行政報告，逐一批評，至為詳密。

下午一時舉行分組討論會，討論中學教育部份：（一）中學職校分合問題、（二）男女同學問題、（三）課外作業與課內作業聯繫問題。仍由趙述庭先生出席指導。

1月28日　星期日　晴

國父紀念週，本團訓導組長報告業務後，教育長提出「信任」二字，指示同學。

本日整日在團整理筆記及練習日語。

余由蘇皖戰區來渝，業已六月，迄未接家書，殊為系念。

1月29日　星期一　晴

〔無記載〕

1月30日　星期二　晴

上午舉行國民教育討論會，討論國教制度及教師訓練、培養、任用、待遇諸問題。

下午練習點名時應注意各點。

1月31日　星期三　晴

上午舉行教育法令研究會，將國內法令與台灣比較，並參酌台島實際情形決定台灣現行教育法令之存廢。

下午教育長點名。

2月1日　星期四　晴

上午十時舉行開學典禮，團長親臨主持，行禮後即席訓話，略謂：「今天為收復台灣之重要紀念日，台灣之收復、朝鮮之解放，為國民革命之主要目的。總理云：『欲東亞長久和平，中日兩國須平等相處，台灣應歸還中國，朝鮮應使之獨立。』民國三年，余因事到奉天，對日人亦曾談及台灣歸還中國，及朝鮮獨立等問題。從此日人始知吾黨斷難為彼利用，吾黨之發展，將與彼有極大之不利，因之認定吾黨為彼之敵人，百端設法阻撓與破壞。我國在立國上有四個重要地方：（一）東北、（二）蒙古、（三）新疆、（四）台灣。此四處地方，均有國際性，失去其一，國家即難有保障，台灣之重要可以想見。日人治台多年，成績甚佳，吾人接管後之治績，如不能超過日人，或甚至不及日人，均為莫大之恥辱。不僅背違諸生來此學習之目的，且亦對不起國家民族。吾人應以台灣為各省之模範，作各省之榜樣。須知台灣不僅為中國一重要地區，亦且為太平洋上一重要地區。台灣收復之初，友邦人士甚多，因為在台灣登陸，當首先為友邦部隊，吾人應與之精誠合作，尤應顯示吾人之良好成績，不為友邦所輕視。台灣之風俗習慣均須留意，太平洋上之形勢尤須隨時注意，庶可應付裕如。國人平時缺乏組織能力，所以治事每多失敗。英國有三人在一處，即可立時組織起來，推定一人為領袖，其他二人聽從指揮，雖有犧牲，在所不惜。此種精神，實在可佩。英之殖民地遍全球，英之二萬多人控制四萬萬人之印度，實與此種精神有重大關係。諸生為接

管台灣之重要幹部，對精神、品德、修養，應切實注意，庶可將來配合應用。台灣之治理，能否有成績，胥視諸生之修養程度如何以為定。台灣受日人統治五十年，吾人治台，應有一種特別制度，不能當作國內普通一省看待。吾人到台，應如同到外國一樣，處處要顯出吾人之優點，同學間尤應同甘共苦，精誠團結，庶可克服一切困難。總括起來，今天貢獻諸生兩點：（一）組織：有組織才可生出力量；（二）團結：意志集中，力量才可集中，力量集中，任何困難，均可克服」云云。十一時禮成。

2月2日　星期五　晴

李中隊附調升某集團軍軍務處長，遺職由教育長派定石克武上校接充，於昨日到隊視事。

分隊長、班長、各組領隊均於今日改選。

三民主義青年團團務資料，自二月一日起在本團圖書室展覽三天，日來參觀者頗為擁擠。

2月3日　星期六　晴

新任中隊附石克武上校辦事異常認真，平時自由成性之同學，頗感不便。

各組領隊、各分隊隊長、班長均於昨日改選。惟餐事委員並未改選，不卜何故？豈因服務成績優良而連任歟？！

晚六時，整隊到抗建堂觀清宮外史話劇，佈景優美，劇情緊張，頗引人入勝，惟會場秩序欠佳，少數同

學未能遵照班本部之指示，回團時隊形尤不整齊，殊為遺憾。

2月4日　星期日　晴

上午八時舉行國父紀念週，教育長主席，行禮後，人事組吳組長報告業務，除說明人事管理之重要，及本團人事組所負之任務外，並對本團最近人事之調整，亦有詳細報告。

本團官兵，自二月一日起裁減十分之七，為中央各機關倡導，殊堪佩慰。惟就本團最近所辦業務而言，官兵人數，仍嫌過多。據聞領薪而不到團，到團而無公可辦者，頗不乏人，未免浪費。

2月5日　星期一　陰

本週起，陳劍翛先生講社會教育。陳先生主持社會教育行政多年，頗多實際經驗之指示。

本團軍事組裁撤，各組下不設科、獨立中隊改為學員中隊，均自二月一日實行。

陳劍翛先生兼本團教委會副主任委員。

2月6日　星期二　陰

升旗時，陳劍翛先生講環境與情操之關係，對生活修養方面，頗多正確之指示。

少數同學請假未經核准，即行離團。班本部對此事極為注意，已加以查究。

星期一晚間，本團勵志社招待全體同學，在大禮堂

放映美國影片。惟因燈泡一部份損壞，有影無聲，實為
美中不足之缺憾。余以身體忽感不適，中途退出會場。

日來天氣奇寒，入晚頗有雪意。

2月7日　星期三　陰

本日飛雪，氣候益寒！

請假未經核准即行離團，以及假期已滿尚未回團之
同學六人，違背紀律。中隊部奉教育長命令，予以禁足
兩週，並佈告週知。所謂高度自治精神，從此破產矣。

2月8日　星期四　雪

晨起，遍地白色，殊為美麗，自為重慶數十年來未
有之景象。

八時，全體同學假升旗場雪地攝影，以留紀念。本
組同學，復在禮堂前共攝一影，以示親愛。

財政部次長魯佩章先生蒞團演講財政問題。對國
內財政近況、制度演變以及台灣財政情形，敘述極為
詳盡。

2月9日　星期五　雪

馬尼剌完全收復，羅、邱、史會議圓滿結束，消息
傳來，無任興奮！

自本週起，日語教授，改變方法，以會話為主，文
法為次，同學均感興趣。

連日大雪紛飛，迄未停止，一般城內有眷屬之同
學，多愁眉苦臉。蓋星期日及農曆年關在邇，不知天公

能否放晴也。

2月10日　星期六　雪

青年團區團部舉辦第一次座談會，謝南光先生出席指導，討論台灣青年思想領導問題。謝為台灣革命同盟會領袖，對台灣青年思想之領導，頗多正確指示。

2月11日　星期日　雪

八時舉行國父紀念週，行禮後教育長訓話，略謂：「國父自民元就任第一任臨時大總統時，即宣佈改用陽曆，廢除陰曆。卅餘年來，國人仍未能澈底遵行，殊為遺憾。中國之進步所以慢，實由於人民之守舊性太重，吾人今後應以最大勇氣，革除舊習，創造新精神云云」。十時禮成。

2月12日　星期一　陰

本日為農曆除夕，戰時首都，仍充滿過年景象。報載各機關將於明日給假一天，慶祝春節，本班負責當局亦曾有「如各機關給假，本團自援例照辦」之宣示。但截至下午二時止，未奉明文，乃宣佈明日照常上課。一部份同學，歸心似箭，紛紛自動離團，聲言「甘受團中禁足之處分」、「先回家過年再說」。晚點名時，僅餘無家可歸之同學五十餘人，就寢時又回來廿餘人，總計留團同學，不滿八十人，其餘同學，已無法追回矣。

2月13日　星期二　晴

　　本日為農曆元旦，六時四十分舉行升旗禮，到官長十二人，學員七十餘人。升旗後周副主任作簡單之談話：（一）自本日起恢復升旗講話；（二）英文導師增聘一人。八時起各組仍照常上課，下午，因多數導師自動缺席，乃宣佈休假半天。

　　本日照常上課，打破社會上之舊習慣，實為全國最高訓練機關之偉大精神，惟一部份同學不顧團體紀律，未經請假核准，私自離團，殊覺非是。升旗時，官長、職員僅到十二人，較吳組長報告之全團官長人數，尚不及廿分之一，不能以身作則，尤覺遺憾。

2月14日　星期三　晴

　　晨六時四十分升旗，到官長、職員九人，同學八十餘人。八時點名，到同學約一百十人。中隊長宣佈，此次情形特殊，未到同學，不予處分。未請假而回家過年之同學，無不笑逐顏開，大呼「要得」不止。

　　本日因導師請假，全日無課，余奉命監廚，上午整個時間在廚房內。余係第一次監廚，所以感想頗多，茲擇其要者如下：（一）廚伕淘米、洗菜均用熱水，燒菜不用鍋蓋，重慶市鬧煤荒，同學洗面均用冷水，而廚房竟如此浪費燃料，不予糾正，甚屬不解；（二）廚伕非法侵佔固所難免，而菜已分盛桌上，勤務及同學竟有竊食者，尤為奇事。公民道德之淪喪，一至於此，殊堪浩嘆！

2月15日　星期四　晴
〔無記載〕

2月16日　星期五　晴
　　晚七時，參加青年團第二分隊會議，討論開展台灣
團務及響應募書贈送青年軍等問題，結果尚稱圓滿。惟
本分隊計有舊團員十五人，新團員十人，開會時僅到舊
團員九人，無故缺席者竟達半數以上。分隊為團之基層
組織，精神如此散漫，工作安能推行，更何能負起推行
三民主義之責？其咎歸誰，吾人實應加以切實檢討。

2月17日　星期六　晴
　　美太平洋特種強大艦隊越過小笠原群島，直搗敵本
土，出動飛機壹千五百架，對東京區大肆轟炸，歷九小
時，投彈一千噸以上，創太平洋戰局之奇觀。捷報傳
來，舉世歡欣。此一壯舉，不僅在軍事之成就，其在政
治上之意義，尤為重大。舊金山之和平會議日期，距今
僅有兩月，吾人應如何及時奮起、增強力量、配合反
攻，以獲取光榮之勝利，實為當務之急。不僅為政府之
責，亦全國人民之責也。
　　晚七時舉行第四次新生活晚會，軍政部軍樂團表演
軍樂，頗為精彩。

2月18日　星期日　晴
　　八時舉行國父紀念週，教委會編纂組長報告業務
後，教育長訓話，略謂：「現代政治之所以辦不好，由

於幹部不健全。幹部之最大缺點為氣度太差，不僅上下之間易犯此病，即同僚之間，亦不免有此錯誤。台灣班、高級班均為國家將來之重要幹部，深望養成寬大之氣度，對人對事盡其在我，切勿斤斤計較，庶可達成國家培養人材之目的。此次克里米亞會議，表面上蘇聯所得最大，美國一無所獲，但實際上，美國之成就極大，羅總統之偉大之氣度，實值得舉世欽崇和效法。團長近對陸大將官班畢業同學訓示，於達成任務一點，極為重視，須知任務之達成，一要有責任心，二要有氣度，望吾同學注意及之，云云」。十時禮成。

2月19日　星期一　晴

因陰曆年節關係，重慶物價，波動甚大。因之本團近兩週來，伙食惡劣異常，竟不能下嚥。本日午餐時，第一桌同學提議，請中隊附兼伙食委員會主任委員向班本部接洽增加副食費，當經全體通過。晚餐時報告結果，無法增加，多數同學憤慨異常，旋提議將各同學每月自己補助副食費之壹千元即日收回，以示消極抵制，經多數舉手贊成。明日起伙食之惡劣，更可想見，將不免有望飯興嘆之感，新市場之小食店，又多一筆收入矣。

2月20日　星期二　晴

美國軍隊登陸硫磺島又告成功，該島距東京僅七百餘英里，已直逼日本心臟，此時還不抵抗，更待何時，日寇之實力如何，可以想見。

　　升旗後，周副主任講話，對東西各國國民守法之精神，備加讚揚。對昨晚為伙食問題發言激烈之同學，表示不滿。其關於伙食問題，謂已向軍政部接洽，俟復文到後，始能解決云云。

　　中午為收回補助副食費壹千元後之第一餐，菜之惡劣，無以復加，確有不有下嚥之勢。

　　晚餐時，不耐煎熬同學對伙食問題又提出詢問，仍無圓滿答。時司法組同學司馬輝[1]，忽將飯碗一隻擲地，砰然作聲，全體同學為之大譁，僉認此破壞紀律之行動，應予以制裁，庶免高度自治之精神，再被少數人破壞。

　　晚點名時，值日官宣佈，請司馬輝同學報告打碗原因，以示薄懲。不料原打碗人，匪特無悔過誠意，僅答稱：「我打碗是無所謂」。只此一句，別無理由。言語之間，似含有憤恨之意，豈真無所謂，抑有所謂而佯作無所謂以欺人耶？恐為自有中央訓練團以來未有之怪現象！深望團體或訓導當局，注意及之，以免全體同學受其影響也。

　　國立西北師範學院院長李蒸先生蒞班演講當前教育改進問題，分「方針與政策」、「教材與教法」、「師資訓練」、「學校環境」四點說明，闡述極詳，聽者無不為之動容。

1　編註：應為「司馬煇」。

2月21日　星期三　晴

本週專業研究，原為職業教育。因導師鍾道贊先生請假赴蓉，改由范壽康先生講授高等教育。

下午四時，餐委會召集全體同學在大禮堂集會，討論改選餐事委員及改進伙食等問題，結果：（1）餐事委員不改選；（2）伙食惡劣情形及改進意見，直接呈請教育長核示。

2月22日　星期四　晴

本日下午補授公民教育，討論會改期舉行。

本日晚餐提早舉行。五時，全體出發赴都郵街[2]青年館參觀平劇「鄭成功」。惟此舉係少數同學向班方提議，並未經全體通過，故參加同學僅八十一人。

「鄭成功」係中央政校平劇社編演，鄭成功是南明一代的民族英雄，也是中華民族中不可多得的偉人，他的幾件足令後世紀念不朽的偉業：第一是孤軍抗清，延續明朝正朔至數十年之久；第二是殖民海外，收台灣為家國領土，其當年殖民事業之成功，遠過於若干年來南洋殖民成績之上；第三是培植民間反清勢力，直接襄助了辛亥革命。而尤其令吾人敬佩的，鄭成功的忠，不忠於一人，而忠於國家；孝，不孝於父母，而孝於民族，所以他能作到既不隨其父投降，又不隨其君殉國，終至漂泊海上，盡瘁而死，此種精神，正是目前團長日夕所昭示吾人的大忠大孝。在抗戰勝利即將到臨，知識

2　編註：應為「督郵街」。

青年從軍運動正在風起雲湧，而台灣的光復指日可待的時候，這以抗戰為背景的「鄭成功」平劇演出，實有重大的意義和價值。將來移至台灣表演，收效當更宏大。惟「洗屍葬母」一幕，跡近誨謠，應予刪去，以免觀者誤會。

2月23日　星期五　晴

下午一時，全體同學赴兵工署第一廠參觀軍器製造情形，共分三組，每組由廠方派職員一人領導。余屬第一組，參觀該廠第一、二兩製造所。第一所係製造中正式步槍機件，每月約出步槍三千枝以上，現正計劃加工趕造，可望達五千支以上。第二所主要是製造砲彈：（一）迫擊砲彈每月約出一萬發以上，（二）十五升的大砲砲彈，長約三尺餘，每月約出三千發以上，據聞每一砲彈，價值五萬元，至堪驚人。該廠的前身為漢陽兵工廠，抗戰後由湖北遷至湖南，復由湖南遷至重慶。現製造部份，全部設在山洞內面，地點極為安全，工作人員情形，均甚緊張。惟山洞內空氣惡劣，影響衛生，亟應改進。

2月24日　星期六　晴

晚七時在大禮堂舉行黨員聯誼會，到特別黨部葉書記長、周副主任、任訓育幹事、何中隊長及學員等共一百餘人，特黨部並略備茶點招待。同學中有專門技藝者，咸登台表演，以助餘興。薛人仰、林紹賢之口琴合奏，王儀之崑曲，鄒幼臣之吃火炭，最為精采，博得掌

聲不少。其最為有趣者，即每一表演同學下台時，大家不約而同投之以橘皮或紙彈（花生殼外包以廢紙），所謂「橘皮與紙彈齊飛」。會場秩序雖稍受影響，但同學感情卻因之而益增進。

2月25日　星期日　晴

八時舉行國父紀念週，行禮後，本團醫務所主任報告業務。其中最令人注意者，為本班同學身體狀況一節。本班同學一百廿人中，僅三人身體完全健康，一百十七人均有疾病。以人數平均，每人有三種疾病，以患砂眼者為最多。本班學員，多由中央各部會選拔而來，身體尚且如此不健康，社會上一般人民身體之狀況，可以想見。衛生教育之推行、衛生事業之拓展，在中國實為迫不及待之舉。

紀念週後，選舉六全大會初選代表，教育長兼特派員監選。結果金德洋主任以 152 票，薛人仰同學以 41 票當選。

下午偕吳伯俊、廖季清、涂宇青三同學，赴唯一戲院參觀「血濺櫻花」影片，情節尚佳，惟看不清楚，聽不清楚，是其缺憾。

2月26日　星期一　晴

導師林本因事請假，師範教育改自星期三起開始講授。上午本組同學舉行「接管台灣教育前準備工作討論會」，決定推同學三人就（1）台灣各級學校教材如何事先編訂；（2）各級學校師資如何事先訓練，以免接

收時困難兩問題擬定方案，提交下次會議討論後，建議
班方採擇施行。

班副主任、中隊長召集分隊長、班長、各組領隊談
話，要點：（一）自修及研究時間，應在研究室內；
（二）非在規定時間，不得到團外散步；（三）伙食自
即日起加以改良，每月由班暫墊付四萬元，充薪炭費；
（四）學員春季服裝與高級班一併辦理，約四月一日前
可以發給；（五）學員結業後問題，已擬有方案，不久
即可決定。

2月27日　星期二　晴

下午舉行高等教育討論會，范壽康先生出席指導討
論，要點：（一）敵人統治下高等教育之特點；（二）
台灣接管後，高等教育方面應興應革事項之檢討。各同
學發言均甚熱烈，范先生最後指示兩點：（一）台灣接
管後，言語不通，應如何設法解決；（二）台灣大學及
專科學校學生，幾全部為日本人，接管後如何解決（即
學生來源），希望各同學注意討論。

2月28日　星期三　晴

抗戰以來，物價飛漲，以致一般官兵均感營養不
足，影響戰力甚大。中央為充實部隊力量，準備反攻起
見，特根據事實、迫切需要及目前國家財力，制頒改善
官兵生活辦法於本日公佈。其中要點約有三項：（一）
增加官兵餉薪：將校官加一倍、尉官加二倍，士兵加六
成；（二）改訂供應制度：官兵所需食品，一切發給實

物；（三）分期實施。

本日大公報載，郵資暫不加價。

上午林本教授來班講師範教育。

3月1日　星期四　晴

本團黨政訓練班留渝同學本日舉行春季聯誼會，團長親臨主持並致訓詞，勗勉各同學勤守工作崗位，發揚中訓團精神。會後並與同學共進午餐。下午在本團禮堂舉行馬思聰、王慕理夫婦音樂演奏會，在中央幹校禮堂舉行遊藝會，計有趙榮琛之平劇、紫羅蘭之歌舞場，甚精彩。晚六時，舉行閉幕儀式，團長復致訓詞，希望各同學在工作崗位上加緊努力，並督促所屬人員努力，希望明年春季聯誼會在南京或北平舉行，至少要在武漢舉行。語重心長，同學無不為之感奮，團長於歡聲雷動中離去。

3月2日　星期五　晴

晚七時，班副主任召集全體同學在大禮堂談話，對生活方面頗多指示，關於星期一是否援照高級班例，休假一日之問題，引起同學熱烈之辯論。在渝有家室之同學，多主張援例辦理，結果周副主任採取折中辦法。上午休息半日，下午仍照常上課，一般勤勉之同學，頗露不滿之意。

3月3日　星期六　晴

下午二時舉行座談會，第一組同學假升旗台左側席地而坐，討論中共問題，由劉指導員任俠出席指導。會場意見約分四種：（一）中央對中共已一再委曲求全，不能再有讓步；（二）中共勢力之發展，由於本黨領導下之政治，未能滿足人民要求，如政治能完全澄清，

對中共雖再作更多之讓步，亦無妨礙；（三）須於四月廿五日以前解決中共問題，俾在舊金山會議獲得更有利之地位；（四）中共永無覺悟之日，雖再讓步，亦難滿足其懸望。目前惟有一面商討，一面仍執行現定國策，中共問題俟抗戰後再說。各方辯論至為熱烈，末由劉指導員發言，首述本身對共黨奮鬥之歷史，繼對討論之問題，作一簡單之指示：（一）刷新政治，為取得人民擁護之最有效方法，亦即解決中共之先決問題；（二）中共問題仍應遵照團長指示，用政治方法尋求合理之解決，但不一定在四月廿五日以前。劉發言時慷慨激昂，現身說法，對藉國難而發財之貪污腐化之黨員，罵得體無完膚，博得同學掌聲不少。

3月4日　星期日　晴

八時舉行國父紀念週，教育長主席，行禮後，連同學震東講「如何建設新台灣」，分政治、經濟、文化三點說明。薛人仰同學講「收復台灣後之第一件大事」，對培養台灣民族意識一點，特別強調，引起全場注意。末由教育長訓示學員參加升旗之重要，並宣示除指導學員生活之隊長外，其他官長職員，因本團設備不週，多寄宿團外，升旗禮可免予參加云云。十一時禮成散會。

高級班同學，本日開始受訓。

3月5日　星期一　晴

自本週起，每週星期一上午休息，下午照常上課。一時卅分點名，多數同學咸稱便利。

下午二時，楊綽庵先生蒞班演講提高行政效率問題。楊先生從政幾近卅年，經驗豐富，學識淵博，對中國政治上之病態，揭發無餘。對應行改革之點，頗多正確之指示，歷時二時餘，聽者莫不為之動容。

3月6日　星期二　晴雨

歷史教學一課，本日起由鄭鶴聲先生開始講授。

下午二時舉行日語測驗。

晨起，細雨濛濛，中隊長宣佈由值星官代表升旗，同學免予參加。嗣以教育長來團主持，又復整隊於濛濛細雨中，舉行升旗禮。高級班同學動作遲緩，當由教育長予以申誡。

3月7日　星期三　晴

晨起升旗後，教育長訓示兩點：（一）動作應迅速確實；（二）戒絕一切無謂之應酬。

衛生行政一課，因導師請假，改為自修。

3月8日　星期四　晴

東南亞盟軍總司令蒙巴頓夫人於昨日由印飛渝，本日出席我國的女界召集之「三八」婦女節紀念大會演講會議，並參觀我國各衛生機關，聞將有所協助。

蒙夫人於歐戰開始時，即拋棄華貴生活，領導英國紅十字會工作，救護傷兵，救濟難民，誠屬難能可貴。

下午二時舉行討論會，討論台灣各級學校師資之甄審、任用、訓練、培養四問題。出席指導人員有教育

長，趙述庭、林本兩導師及教務組洪組長等四人。以主
席未能控制會場時間，致訓練、培養兩問題未及提出討
論，殊為缺憾。會後由教育長指示兩點：（一）高等教
育方面，因人材困難，可留用日籍教師。此次戰爭之禍
首為日本之軍閥與財閥，而非日本之學者。抗戰勝利
後，日本武裝解除，一般學者，感自身前途之悲慘，在
華服務，將更努力。（二）中等教育方面，自以引用台
胞為主體。台灣民眾之民族意識，並不減於其他各省人
民，於數十年來台灣前仆後繼之革命事蹟中，可以見
之。光復後重返祖國懷抱之台籍同胞，由黑暗中驟見光
明，工作興趣當更提高云云。

3月9日　星期五　晴

　　我軍攻佔臘戌，印軍前鋒，進入瓦城。臘戌為緬甸
重重城市，亦為控制交通線之中心點，該城克復後，緬
甸戰場形勢為之一變。

　　下午七時舉行區分部小組討論會，討論之主要問
題：（一）黨團的功能及其重要性、（二）過去黨團
運用的檢討、（三）黨團運用的基本要領及今後改進
的方法。

3月10日　星期六　晴

　　上午七時整隊赴東南幹訓團參觀火箭砲演習，火箭
砲為此次大戰中最新武器之一種。砲彈形狀與小型炸彈
相仿，砲身為長形圓筒前後貫通，射擊時彈由前方發出
時，後方火焰甚大，砲身後部裝一袖珍發電機，藉電

力發射。在三百碼以內，可以洞穿五公分至十公分之鋼板，每一砲彈能摧毀坦克車一輛。據聞此砲最初係德國人發明，未為當局採用，後經美國人研究改進，於一九四四年運至我國戰場供用，將為此次總反攻中重要武器之一種云。

下午七時舉行晚會，到台灣班、高級班同學及本團官長、職員約三百餘人，放映國產影片，以助餘興。

3月11日　星期日　晴

美巨機三百架猛炸東京，投燃燒彈一千噸，城區一片大火，延及敵宮，為作戰以來第一次之最大襲擊。按美偵察機於襲擊十二小時後之偵查報告，東京十五方哩地區已成灰燼，今日日本人民當知日軍閥昔日所施於中國炸彈之滋味矣。

越南局勢突變，日寇解除法越軍警武裝，拘禁越督德古，並接收政權。聞河內、西貢等地，仍在激戰中，所謂「東亞共榮圈」，已開始解體矣。

本日國父紀念週，教育長主席，行禮後，于右任先生講平等與自由，歷時四十分散會。

3月12日　星期一　晴

本日為國父逝世廿週年，國民精神總動員六週年紀念日。團長發表文告，勗勉國人堅定「國家至上、民族至上」之信念，恪守「軍事第一、勝利第一」之宗旨，秉持「意志集中、力量集中」之方針，團結奮鬥，以應付即將來到之大陸決戰云。

東南亞盟軍總司令蒙巴頓勛爵，於本月七日下午四時，偕同夫人及其參謀長暨中國戰區美軍總部參謀長等人，一同由印飛渝，晉謁主席。昨日上午，復乘機返印。今日政府方面，始將此消息露佈。聞其留渝期間，除由主席約談數次外，並舉行會議，中美英重要軍事將領均參加，對於軍事合作，各種有關事項，均有詳盡之商討。至於兩戰區將來之各種合作問題，業獲得完全一致之協議云。

3月13日　星期二　晴

日寇統治台灣五十年，今後欲根除奴化思想、培育民族意識，惟有積極推行三民主義之教育。國語為推行教育之必要工具，將來如何實施？如何運用？亟應預為規劃。本班有鑒於此，特設國語教學一課，由魏建功、王玉川兩先生擔任，自本日起開始講授。

司法組研究室與本組研究室僅一板之隔，同學感情素稱密切。本晚由本組發起，邀請司法組同學舉行聯誼會，以示聯歡。（本日余種牛痘）

3月14日　星期三　晴

下午一時，陳方之先生講衛生行政問題。

訓育幹事任穎輝先生，召余談話。

下午六時，團長蒞團巡視，適余等晚膳。團長復至飯廳察看一週，並對同學伙食方面，有所垂詢。

3 月 15 日　星期四　晴

中央舉行黨政軍提高行政效能及行政三聯制總檢討會議，主座親臨訓話，希望無欺無隱，揭發缺點，研擬切實方案，適應軍事需要，並指出三聯制成效未彰，其原因：（一）制度雖立，辦法未善；（二）舊病未除，新病又生。今後改進要點：（一）簡化程序，減少手續；（二）分層負責，迅速處理；（三）加強業務檢討；（四）勵行稽催督察；（五）澈底貫澈政令；（六）嚴格執行考核。

晚全體同學赴青年館參觀「槿花之歌」話劇。

3 月 16 日　星期五　晴

晚七時舉行團務活動，改選分隊長，並選舉團出席六全大會之初選代表。

六全大會初選代表，已於上月，以黨員資格參加選舉。本日又以團員資格參加，黨員而為團員者，為數甚眾，一人有兩種選舉權，似不合理，應予限制，不知中央曾否注意及之。

3 月 17 日　星期六　晴

下午三時，顧大使維鈞蒞團講述旅歐數年之感想，對最近國際間之動態及趨勢，亦有所述及。

晚餐時，民政組同學李崇厚、徐芳禮提議改組餐事委員會，一時飯廳秩序為之不寧。聞李同學係餐事委員，開會三次，均無故不到，餐事會曾予以書面警告。徐同學因無故不監廚，被餐事會當眾宣佈，惱羞成怒，

遂有此提議，藉以洩憤。多數同學以其理由不正，咸
嗤之以鼻。旋由值星官宣佈不予討論，一場風波始告
平息。

　　晚七時舉行晚會，軍樂學校學生來團表演音樂。

3月18日　星期日　晴

　　本班新黨員團員入黨入團宣誓典禮，與本日國父紀
念週合併舉行，中央派教育長監誓。黨高班同學溫崇信
等於舉行儀式後，對本身過去工作情形，作廿分鐘之簡
短報告。嗣教育長訓話：（一）實行民主，須先從心理
上做起。他人之言，雖與己意相反，亦要虛心聽取，以
供參考，庶將來主政地方，才可以接受民意。（二）簡
化程序，提高效能，為此次中央檢討會議之主要目標，
希注意研究，以作將來治事之準備云云。

3月19日　星期一　晴

　　黨高班本日舉行開學典禮，團長親臨主持，並致訓
詞，略謂：我國政治，上層與下層往往脫節，實因負上
下聯繫責任之中層份子，多不健全。黨高班同學，為國
家中堅幹部，務須體念黨國艱難，痛改以往不良惡習，
打破自私自利之企圖，努力學習，充實自己，以補救黨
國之空虛，實所厚望云云。

3月20日　星期二　陰

　　瓦城於本日克復，殘敵完全肅清。一九四二年五月
一日，敵軍進撲臘戌，我軍退出瓦城，經過兩年餘的苦

鬥，今瓦城光復，為亞洲大陸首先解放之大城。瓦城為緬甸的心臟，以鐵路而論，南通仰光，東北通臘戌，西達薩根猛瓦，北達密芝那，緬甸全境公路，亦多以此為終點。而由緬通往中國、印度及下緬甸公路，則同以此為起點，其地位之重要可知。在軍事上言，瓦城為緬甸敵軍之供應中心，該城克復後，上緬甸乃獲全面解放。而瓦城之解放，對於整個緬甸戰局發展，更具有極大之意義。

3月21日　星期三　陰

下午二時，舉行公民教育討論會，陳劍儵先生出席指導。關於國民精神總總員綱領將來在台灣全部適用，辯論甚烈，結果主精神改造要點須加修正，國民公約十二條在台灣似不必推行。

晚七時黨務活動，余參加第三區分部第二小組討論會，由任穎輝先生出席指導。討論問題：（一）實施憲政前，本黨應有之準備和努力；（二）實施憲政後，本黨應有之地位和措施。關於第一問題，余所提出之辦法：（一）提高本黨各級幹部水準；（二）增強黨團活動；（三）儘量參加工商事業，俾可黨員養黨；（四）擴大黨員訓練。

3月22日　星期四　雨

冬來少雨，人心恐旱。近日來陰雲漠漠，細雨霏霏，間或淅瀝作聲，泥濘載途，此乃土地與人心俱感滋潤之春雨也。雨雖不大，而點點入地，甚是實惠。語

云：「春雨貴如油」，像似天公也甚珍惜此如油之雨，故甘霖遍灑，點滴入地，而不願沛然大降，使大部雨量，挾帶土壤，滾入江流，於天於人，可謂兩俱經濟，甚值欣賞。我國勝利之兩大條件：天賜豐年，人打勝仗。這真是所謂：「天助自助者」。

3月23日　星期五　雨

本日上午八至十時，原定全體同學參加聽講黨高班胡世澤先生外交禮節一課，胡先生因今日須陪同顧大使等飛英公幹，故提早於昨日下午講授，本班未奉通知，致將時間錯過，同學均感失望。

昨七時，中委與台灣黨部主任委員王泉笙先生應本班區黨部之邀，在大禮堂講台灣黨務推行之計劃。

3月24日　星期六　晴

上午八時至十二時，舉行國語教育討論會，由魏建功、王玉川兩先生出席指導。對於台灣推行國語教育之政策，辯論甚烈，會場空氣極為緊張。對國語師資之訓練，僉主分兩階段辦理：（一）接管前之訓練；（二）接管後之訓練。

晚七時，在大禮堂舉行晚會。首由本團子弟學校學生表演歌曲，嗣由黨高班、台幹班同學分別唱平劇，末由馬戲團表演魔術、跳舞、飛刀等，節目均甚精彩，惟飛刀一項，觀者為之心悸，教育價值較少。

3 月 25 日　星期日　陰

八時，舉行國父紀念週，行禮後，張申福同學報告關稅制度之演進，陳壽民同學報告接管台灣工業之計劃，末由教育長訓話：（一）要有恆心：有恆為成功之本，許多同學在開始時精神很緊張，稍久則鬆懈，應加矯正。從小事做起，養成整齊、清潔之習慣，持久不渝，始終如一之精神；（二）愛護公物：私人物品，或可隨便浪用，公家物品，則應節約。例如研究室非必要時，白天不必用電燈，以免浪費。

3 月 26 日　星期一　陰

本日討論會因同學請假人數太多，延期舉行。

因本班課業結束在邇，各同學均趕製報告，殊為忙碌。

本日推定同學籌印本班畢業同學錄。

3 月 27 日　星期二　晴

周副主任於本日上午十一時廿分召余談話，談話要點：（一）過去在教界服務之經過情形、（二）來本團受訓之動機、（三）受訓之感想、（四）將來之志願。

美軍登陸琉球群島，登陸中國海岸又進一步，敵寇恐慌異常。琉球登陸如能順利完成，將來在中國海岸登陸之地點，將不在閩粵，而在江浙一帶矣。

3 月 28 日　星期三　晴

教育長於本日下午二時召余談話，談話要點與周主

任略同。

　　黨高班同學某君，本日中午與合作社飲食部工友因言語衝突，竟至毆打，殊屬不成體統。高度自治之制度，是否可行，似有考慮之必要。

3月29日　星期四　晴

　　革命先烈紀念與昇旗典禮合併舉行，教育長主席並訓話，略謂：黃花崗七十二烈士，均為吾黨之精英。有七十二烈士之壯烈犧牲，始有辛亥年八月十九日武昌起義之成功，黃花崗之役，轟動中外，為本黨革命最有價值之一役。中國有句成語，叫做「明哲保身」，似欠妥當。惟有「明哲犧牲」，才能發生大的作用，才有大的價值。七十二烈士都是青年，國家定此日為青年節，實具有重大之意義。諸生等為國家幹部，均屬有為之青年，希望發揚諸先烈犧牲小我成全大我之為國家、為民族之精神，無負國家之厚望云。

　　下午二時，舉行各種球類競賽，黨高班與台幹班比賽，台幹班勝利。

　　晚六時半，中央團部假本團大禮堂招待黨高班及本班全體同學，並表演平劇，以助餘興。

　　本日循例休課一日。

3月30日　星期五　晴

　　下午二時，教育長親臨各宿舍、各研究室檢查內務，聞發現黨高班同學數人在宿舍午睡，頗為震怒。

　　晚六時半，黨高班、台幹班蘇籍同學舉行聯誼會。

黨高班到十九人，台幹班到廿一人，並邀本團蘇籍官長、職員等十二人參加，濟濟一堂，談敘鄉情，頗為熱鬧。

3 月 31 日　星期六　晴

昇旗後，教育長訓話，略謂：昨日檢查內務時，有少數同學不遵守規定，於上課時間在宿舍內午睡，殊有未合軍人生活須有規律，團體生活行動須一致。惡勞好逸雖人之本性，但須養成克己復禮的工夫，造成無懈可擊的境地，然後才可以治事。古人云「造次必於是」、「顛沛必於是」，深值得吾人注意，望諸生勉之。

教育長參加本班同學會餐，並指示在會餐時態度須活潑，可自由談話。

4月1日　星期日　晴

四月份國民月會與升旗禮、新職員宣誓禮合併舉行，教育長主席並致訓詞勗勉同學須養成奮發蓬勃之朝氣，注意體育、音育、美育之訓練。

國父紀念週行禮後，馮玉祥先生演講如何準備收復失地，對訓兵、練兵、改善士兵待遇，均有極詳盡之說明。

4月2日　星期一　晴

下午二時俞大維先生演講新兵器之使用，將兵器之演進分為五個時期，說明頗為詳盡。

四時舉行歷史教學討論會，鄭鶴聲先生出席指導，討論台灣歷史教學如何甄選教材，以闡揚中國民族之偉大。分道德思想、政教制度、科學制度三方面說明。

4月3日　星期二　晴

本日起，鍾道贊先生開始講授職業教育，分：（一）各國職業教育之比較研究；（二）中國職業教育之演進；（三）職業、補習、教育三方面講解。

4月4日　星期三　雨

近數日來，天氣異常悶熱，今夜忽狂風大作，本班宿舍大樓年久失修，有搖搖欲墜之勢，一般明哲保身之同學乃移至飯廳度夜。

下午二時，舉行歷史討論會，由陳訓慈先生指導，討論在台灣之歷史教學應如何實施，分：（一）教材、

（二）教法兩方面討論。

晚七時，舉行黨務檢討會，對國民大會憲法草案等問題亦有所討論，中央及特黨部均派員指導。

4月5日　星期四

本班結業期在邇，連日來各同學趕製報告，殊為忙碌，竟有少數同學開夜車者，亦可謂盡臨時抱佛腳之能事矣。

4月6日　星期五

晚七時舉行團務活動，除選舉區隊長外，可算無重要節目。林紹賢、鍾培先當選為區隊長附，當各出法幣壹千元購買茶點，以饗同學。各同學於飽啖之餘，連呼「要得」不止，希望此種活動常常舉行。

4月7日　星期六　晴

本週晚會因電影機損壞，幾經修理，仍無法放映。各同學對總務組頗多責難之詞，一時會場秩序為之稍亂。

4月8日　星期日　晴

八時舉行國父紀念週，教育長主席並致訓詞。

4月9日至13日

〔無記載〕

4月14日　星期六　晴

本日下午二時舉行全班討論會，討論推行國語及接管台灣各校問題，由教育組主持。

4月15日至21日
〔無記載〕

4月22日　星期日

本日下午，在關下本團舊址舉行畢業典禮。同時參加者有憲兵學校、警官學校畢業員生，團長親臨主持並致訓詞，略謂：現代革命的公務員，應有作之君、作之師、作之親、作之僕之精神，庶可領導人民推行庶政，希望大家切實遵行云云。

4月23日　星期一

第三期高級班同學歡送本班同學，除備有茶點外，並有餘興等節目。

發給畢業證書及團長、教育長玉照、畢業紀念章。

4月24日　星期二
〔無記載〕

4月25日　星期三

本日赴北碚參觀，下午一時抵碚，住兼菁公寓。飯後赴復旦大學參觀，晤及全鈺嘉、都用沖兩生，談敘甚快！

4 月 26 日　星期四

上午赴北溫泉，由碚步行至金剛碑，坐船至北溫泉，參觀漢洗後，全體至溫泉沐浴，下午返碚休息。晚訪鄭明東兄，談敘鄉情，頗為快慰。

4 月 27 日　星期五

上午偕致和兄遊北碚動物園，並為伯俊兄寫介紹信兩通。十二時，乘車到青木關，在青部訪朱次長經農、曹司長、趙秘書、戰指會沈副主委（伯展），報告受訓經過及今後行止，晚宿教部招待所。

4 月 28 日　星期六

上午繼續訪部中各同事，並洽領四月份薪津及一、二、三月份追加經費。

下午返城，住渝部招待所，旋謁陳主任委員（肖賜）及劉主任秘書（英士），報告受訓經過及今後行止。

4 月 29 日至 30 日

〔無記載〕

5月1日　星期二

下午由部來團報到，重度學員生活，函青部外收發室及吳健、李蔭梅等。

5月2日　星期三

〔無記載〕

5月3日　星期四

函秀英、育庶、裕庶、培庶、正謙、冠常、錦鴻、咸洛，並快函朱部長及逸塵、李蔭梅等人。

5月4日至6日

〔無記載〕

5月7日　星期一　雨

下午赴戴家巷李蔭梅兄處，取回存款，添購衣物等項。

5月8日　星期二　歐戰勝利日

下午二時，周副主任召集全體研究員談話並分配研究工作，商討研究計畫（余擔任教育行政部分）。

下午四時，偕楊傳俊兄赴五四路維新西服號，裁製嗶吱制服，並購車胎底皮鞋一雙、布襯衫兩件。

途遇李通甫兄，暢談組織同鄉會事宜。維新店主周兩成君約余等晚餐，甚感不安。

5月9日　星期三
〔無記載〕

5月10日　星期四　雨
上午九時，在研究部會議室舉行自治會會員大會，通過組織章程、自治公約，並選舉幹事五人，負責主持會務。

開會時頗多同學強調「團結即是力量」，余以為同學之團結應先注意到兩點：（一）優越感之思想不可有；（二）風頭主義之思想不可有，大家平等相處，互助合作。

5月11日　星期五　陰
朱經農先生來函囑將前存之圖表寄出。咸洛同志來函，囑晤立夫先生商討渠之工作問題。

上午十一時，導師沈仲九先生召余指示兩點：（一）各級教育機關學校之接管改組須注意：（a）經費、（b）人事、（c）設備三點；（二）計劃之整理和擬訂須注意：（a）統一性、（b）詳確性兩點。

5月12日至15日
〔無記載〕

5月16日　星期三
報載美國每月戰費為八十萬萬元，平均每小時為一千萬元，每分鐘為十六萬六千元。舊金山會議，美國

化錢，據最保守估計約為五十萬至九十萬元（各國代表食宿自理，不計算在內）。

　　大會費用如打仗，至多不過打三分鐘或五分鐘，和平與戰爭，還是和平來得合算。

5月17日至28日
〔無記載〕

5月29日　星期二

　　六全會宣言「抗戰愈接近勝利，艱苦愈多。革命將收全功，責任益重」。吾人應如何善盡其責，余以為應注意下列五點：（一）以主義戰勝一切；（二）以民主領導一切；（三）以誠意感動一切；（四）以能力懾服一切；（五）以事實證明一切。

　　上午十時舉行討論會，討論題目「制憲與行憲」，子題：（一）各國制憲之程序；（二）本屆國民大會職權之檢討；（三）頒佈憲法與實行憲政。出席指導者：周一鶚、沈仲九、洪孟博三先生。討論時各同學對第二子題辯論甚烈，多數同學主張本屆國民大會應有憲法上所賦予之職權，余以本屆國大代表係民廿六年選出，抗戰八年時過境遷，各代表是否能代表原選舉區抗戰後之民意，頗成疑問。值茲民主潮流高漲，抗戰勝利在望之時，為更集中民力爭取澈底勝利起見，本屆國大代表應專制定憲章，至行憲法上賦予職權之國代會應留至憲法頒佈後，各黨派有平等地位公開競選所舉之代表行使之，以免紛爭。

5 月 30 日　星期三
〔無記載〕

5 月 31 日　星期四

　　周副主任召集全體研究員談話：（一）每週討論會題目由各小組輪流擬定，並搜集資料印發參考；（二）第一月份討論題以國際問題為範圍，如舊金山會議及英、美、蘇、德、日等國之內政外交；（三）注意平時生活紀律，如按時起床、不隨便外出、外宿同學應輪流等。

6月1日　星期五

本日國民月會，教職學員均出席，余等並未奉命參加。一般人以生活自由為樂，余深感研究員之生活太無紀律，轉不若學員時代生活之愉快也。

6月2日　星期六

上午九時教育長訓話：（一）短期訓練：A. 改造生活、B. 振作精神；（二）現代社會日益進步，僅生活之改造、精神之振作不足以應付，須有充分之知能，方能擔任較重大之任務。長期之訓練研究，其目的即在充實知能；（三）日本原分四種階級：（1）幕府、（2）藩鎮、（3）武士、（4）平民。武士有四種美德（1）忠、（2）廉、（3）勇、（4）誠，為日本建國之要素，現在文武官吏多半是武士出身；（四）資本家面孔比官僚還難看；（五）關於研究方面，各人可憑自己意見先擬具體計劃，然後再看參考書籍以資參證。倘先看參考書，則自己意見往往為其拘束。

吾人要把握現實，不為現實所拘束。

6月3日　星期日

上午九時，參加新江蘇學會第三屆年會，會後舉行鹽邑同鄉談話會。

晤見李震東、王裕凱諸同鄉。

6月4日　星期一

下午二時，班本部召集各研究員談話。

周副主任訓話：（一）遵守紀律、（二）自即日起
實行簽名。

沈仲九先生：（一）法令比較，應先著手：（1）
應廢止（附理由）、（2）應暫有效（附理由）、（3）
應修正（附修正辦法），均以台灣法令為主。（二）計
畫應注意之點：（A）內容分：（1）機構、（2）人事、
（3）工作、（4）經費、（5）物資、（6）進度、（7）
目標；（B）少作文章，多用條文及表式；（C）概況
見於原有之資料或其他之著作中者，不必全部抄寫，可
寫「見某書」即可；（D）文字宜簡單；（E）參觀機
關要有中心，要觀察詳細；（F）訪問導師提出問題應
慎重；（G）參考書籍分精讀、略讀兩種；（H）注意
運用思想；（I）注意研究；（1）國際問題、（2）憲
草、（3）政綱政策。

6 月 5 日　星期二

上午九時，到組織部晤陳立夫先生，談黨務問題及
咸大洛同志回蘇工作問題。

十時，赴川師教育部領四月份薪金。

6 月 6 日　星期三

〔無記載〕

6 月 7 日　星期四

上午十一時，沈仲九先生約談，草擬接管台教應注
意各點。

　　下午三時，參加黨政班畢業同學一〇三通訊小組會議，並推選李兆輝、薛人仰為小組組長。

　　沈仲九先生談話。

　　餘款暫交杜德三存用。

6月8日至14日

〔無記載〕

6月15日　星期五

　　沈仲九先生談話要點：（1）國民學校一律六年制，擇其地點適中、成績較優、範圍較大者改為中心國民學校；（2）原有之普通中學，一律改為縣立初中。接管前之一年級學生，照國內制度辦理，二年級以上之學生，仍依原有制度，維持至畢業為止；（3）職業學校、高等女校一律改為縣立初職及縣立女中，學生處置辦法與上項同；（4）接管後三年內，應逐漸將初職升格為高職，劃歸省辦（初職減少、高職增加）；（5）師範學校一律暫由省辦；（6）高等學校改為高中或完全中學，大學預科改為高中；（7）高中以上，男女同學；（8）台灣大學設文、理、法三院，原有之農學部及農專部，獨立為農學院，原有之工學部，獨立為工學院，醫事部及醫專部，獨立為醫學院；（9）台灣中央研究所改為台灣研究院，原有之工、農、衛生三部，改為三研究所，與上列三獨立學院配合；（10）各大學第一年暫不招生，多設大學先修班；（11）擬訂各類教育三年計劃進度表及三年教育計畫總表；（12）學校改組一覽

表。以上兩表代接管計劃。

6 月 16 日　星期六
〔無記載〕

6 月 17 日　星期日

　　研究部同學與銀行業務組同學聚餐，餐後，教育長訓話：（1）工作是道德、（2）忙碌是幸福、（3）閒空是墮落、（4）懶惰是罪惡。

6 月 18 日至 28 日
〔無記載〕

6 月 29 日　星期五

　　沈仲九先生談話：（1）日本在台灣之人口數與台灣各級學校日籍學生之比較；（2）台灣人口數與台灣各級學校台籍學生之比較；（3）接管後，日本在台灣之學生可能仍有百分之六〇以上；（4）接管後，日籍學生與台籍學生合教抑分教；（5）教科書以單獨編印為原則，或用國定本，另編補充教材；（6）師範學院應注意訓導及教學實驗；（7）利用寒暑假，多辦補習班，以補救學力之不足；（8）大學多招收相當程度之學生。

6 月 30 日　星期六
〔無記載〕

7月1日至3日
〔無記載〕

7月4日　星期三
　　沈仲九先生談話：（1）赴台工作人員優待辦法及徵調國內中小學教員赴台工作，恐難辦到；（2）教科書印刷到台灣後辦理亦可，但須在國內先將材料編好；（3）國內師資如不易物色，可先訓練師資之，師資人數較少或容易辦到，在渝大學文學院畢業學生卅人，側重國文國語方面，予以三個月之訓練（一面訓練，一面編書），到台擔任省幹訓團導師；（4）省幹訓團最初一年之訓練，完全著重：甲、中等學校國文國語教員，乙、各區或各縣訓練所之師資；（5）史地教員須先受國文國語之訓練；（6）省幹訓團每期□人為準，為謀收效宏大起見，每卅人編一級，每級教師三人。

7月5日至10日
〔無記載〕

7月11日　星期三
　　台灣國民學校接管後，民教部仍設置專員，以推行國語教育為主，公民教育為輔。

7月12日至31日
〔無記載〕

8月1日至15日

〔無記載〕

8月16日　星期四

　　教部卅一年召開各省市教育行政工作檢討會議，重
要議決案見教育通訊第六卷第八期教育消息欄。

　　八月十五日夜（即十六日凌晨），日本人宣佈無條
件投降，抗戰終獲勝利，可喜可賀。

8月17日至22日

〔無記載〕

8月23日　星期四

　　八月十九日教育學會年會，陳立夫先生致詞，主張
今後教育：（1）力求教育普及、（2）重視軍事教育、
（3）注意健康教育、（4）加緊生產訓練、（5）計劃
教育。

　　一九四三年，美國高等教育大學及夜校學生有
一百七十萬人，中國在卅三年統計高等教育學生共有八
萬人。

　　英國哥侖比亞大學師範學院，全年經費較中國全國
高等教育經費多一倍半。

教育研究筆記

一、台灣接管後中學師資方面可能遭遇之困難及其補救方法　1945 年 1 月 16 日

台灣現有公立中學十九校，私立中學二校，公立女子中學十八校，私立三校，計共有教職員一二〇二人。接管後全數更易勢所不能，全數留用則奴化教育之思想永無肅清之望，與推行民族文化教育之宗旨更顯相違背，此一問題似應於接管前注意及之。余意接管後之中學，茲有國文、公民、音樂、史地等科教員在任何困難情形之下，均應首先更易。其他各科教員加以甄別暫行留用，陸續分批予以訓練，以更變其思想及生活。至文史地等科教員更易後，勢須一批新教員接替，國內教員如能提高待遇，自可樂於到台服務。惟言語不通，困難莫大，為補救計，擬訂三種辦法如左：

（一）舉辦短期師資訓練班：未接管前在閩省先行舉辦，接管後移台辦理，陸續調訓原有教員。

（二）延聘閩人熟諳台語而有中學教員資格者擔任之。

（三）就私塾教員或遺老中思想純正通曉漢學者擔任之。

二、高級中學普通科與職業科合設、分設利弊互見，應權衡輕重以定取舍之標準
1945 年 1 月 27 日

A. 合設之利弊

1. 利：

(a) 就施教目標言：中學與職校目標一部份相同，尤以生活知能之充實與勞動習慣之養成，中學與職科合設，互相觀摩、耳濡目染，收效甚宏。

(b) 就人力物力言：（一）普通中學所設職業科目，因時間太少，往往不易聘得專人擔任，合設則無此困難。（二）各種設備容易充實，更可以共同使用。

2. 弊：目前之一般中學學生大多係富家子弟，均為升學而來，一切生活習慣與多數家境清寒或立志從事職業之學生朝夕相處，職校學生易受不良習慣之影響，甚至普通科學生輕視職科學生，常常發生衝突。

B. 分設之利弊

1. 利：（一）職業學校為實施生產教育之場所，高級職業學校授予青年較高深之生產知識與技能，以養成其實際生產及管理能力，應有一適宜之研究實習場所。倘使與大多數準備升學之青年混處一校，困難自多，所謂合設之害處即分設之益處也。（二）容易羅致專門人材。

2. 弊：人力物力均嫌浪費。

C. 結論：

合、分利弊互見，台灣情形特殊，擬暫取下列兩種辦法：

（一）舊有的：中學、職校分設的，仍維現狀。

（二）新設的：以普通科、職業科合設為原則。

三、台灣教育經費之籌措、分配、保管與稽核
1945 年 1 月 29 日

前言

　　台灣現有國民學校一〇三一所，中等學校六五所，專科以上學校六所，幼稚園、盲啞學校及實業補習學校共一八一所，圖書館、博物館七十七所，全年教育經費支出總額為一六、七二三、〇四六元（一九四二年統計）。接管後中小學應否增加？中等學校應否分區設置？男女是否同學？中學與職業學校應否單獨設立？均有討論和研究之必要。在上列各項問題未決定前，教育經費之籌措和分配自難有精確之標準。茲謹依接管台灣計劃草案第八章第四十六條「各級教育機關設置地點與經費，接管後以不變更為原則」之旨趣，分別說明如左：

（一）經費之籌措

　甲、舊有經費之維持

　　1. 中央部份：台灣現有學校，年由國庫負擔四、八九五、四二九元。接管後，此項經費仍由中央按期撥付。

　　2. 地方部份：自財政系統變更後，教育經費負擔分為中央及縣兩級。台灣接管之初，情形特殊，似仍應分為中央、省、縣三級，俾可因時因地制宜，原由州廳負擔之七、八四四、二七一元改歸省負擔；原由市街庄負擔之三、九八五、三四六元改歸縣負擔。

乙、新增經費之籌措：台灣中學數太少，應加以擴
充，並充實設備提高程度。小學雖較發達，但
距一保一校之目的尚遠。國語訓練所及青年訓
練所，尤應大量擴充，以改變其思想及生活。
原有經費自感不敷，應即設法另行籌措。

1. 沒收之財產：全部或一部移作教費

   a. 敵人在台之財產

   b. 台奸之財產

2. 指定專款撥充教費

   a. 遺產稅

   b. 營業稅

   c. 原有之捐稅而非苛佃者

（二）經費之分配

台灣受敵寇統治五十年，接管後欲使台灣中國化、
三民主義化，惟有從教育方面積極注意，教育經費勢需
大量增加，全年教育經費支出應佔台灣全部政費25%-
30%，始克有濟。茲依教育事業之性質分配如左：

1. 高等教育：佔 6 % - 7 %（佔政費總額百分比應補
充說明）

2. 中等教育：佔 20 % - 25 %

   a. 中學：男校佔 5 % - 6 %，女校 4 % - 5 %

   b. 職業學校：佔 8 % - 10 %

   c. 師範學校：佔 6 % - 7 %

3. 初等教育：佔 45 % - 50 %

4. 社會教育：佔 25 % - 30 %

（三）經費之保管

各省教育經費之保管向操於普通財政當局之手，致支款時不得不仰他人之鼻息，教育事業經受莫大之影響。台灣接管之初，情形特殊，似應成立教育款產清理委員會，由政府會同教界人共同組織，專司調查、登記、保管教育款產之責。

（四）經費之審核

教育經費之普通審核手續，由會計審計機關辦理。台灣情形特殊，應成立教育經費稽核委員會，專負各級教費審核之責，其組織辦法另訂之。

接管台灣高等教育機關後應興、應革事宜之檢討

一、前言

　　台灣高等教育機關，在量的方面，尚相當發達。惟各學校全部為日籍學生，台胞鮮有受高等教育之機會，所謂台北帝大及各專門學校，實為日寇造就開發殖民地及榨取殖民地資源人材之場所。接管後日籍學生應一律予以遣散，各學校學生應以台胞為主體，並鼓勵國內高中畢業學生前往就讀，一面鼓勵或資遣優秀學生入國內各大學肄業，以資深造。接管之初，學生來源比較困難，高等教育暫採精簡政策，並以由中央主□□立於補助地位為原則。茲謹依據台島實際情形，草擬計劃如左：

　　但台島孤懸海外，情形特殊，在台國立教育機關應受省主席之指導，專科以上學校除負訓導責任之人員及社會科系之教員外，其他各科均留用原有教員以免停頓。

二、原有機關之調整

（一）中央研究所

　　　1. 台灣中央研究所，原屬台灣總督府管轄，接管後應改為國立台灣研究院，隸屬教育部，院長由教部聘任。但台島情形特殊，應受台灣省府之指導。

　　　2. 原有農業、工業、衛生等部，應遵照國內研究

院之規定，一律改為研究所，各支所可改為試
驗場。增設歷史語言、社會科學、水產三研究
所，以應台灣實際之需要。

院內設秘書、會計、庶務、出版四室，處理普
通事務。

3. 評議會之組織仍保留，會員由省府及研究院高
級職員中推選之，負聯繫及促進統一調查研究
等工作。

（二）台北帝大

1. 原有台北帝大，接管後應改為國內台灣大學，
校長由部呈請中央簡派之，分設文、法、理、
農、工、商、醫七學院，各專門部改為專任科。

2. 各科修業年限，應與國內一律，大學預科取消。

3. 男女兼收。

（三）各專門學校

1. 台北商專，應併入台灣大學商學院，改為商業
專修科。

2. 台北工專併入台大工學院，改為工業專修科，
以節國帑。

3. 台南工專原由總督府管轄，接收後改為國立台
南工業專科學校。

4. 台中農專接收後改為國立台中農林專科學校。

5. 以上各校修業年限，應與國內一律。

6. 以上各校均男女兼收。

（四）高等學校

高等學校與國內制度不合，應予取消，台灣帝大幾

全部為日籍學生，新生入學資格須經高等學校畢業，而高等學校現有學生據調查僅有台胞四名，接收後大學學生來源似有相當困難，可利用高等學校原有之校舍、校具改辦大學先修班，招收普通中學尋常科畢業學生，予以一年之訓練，除智識補充外，尤注重思想語言之陶冶。畢業後直接升台灣大學。

三、新增事業之規劃

（一）分別設國立台灣師範學院，利用台北工專、商專校舍、校具，開辦師範學院本科及專修科，以專造就台灣高初中師資。

（二）分別設國立澎湖漁業專科學校，就原有澎湖漁業補習學校改設，造就較高級漁業專門技術人材。

（三）設立大學先修班，由教部直接辦理，或由台灣大學兼辦（理由見前）。

（四）舉辦中學師資訓練班，由師範學院協助台灣省地方行政幹部訓練團辦理，第一步先調訓各中等學校校長、教導主任及公民史地教員，訓練期間暫定兩個月。

（五）組織中等教育考察團，赴國內各省考察，以資借鏡。

國民教育經費問題——國民學校經費之負擔問題

（一）國內現況

一、經費來源：國內國教經費現分四級負擔：

　　1. 中央補助：占國教經費四分之一，約三千萬元。

　　2. 省府補助：占四分之一，約三千萬元。

　　3. 縣市籌集：約一萬萬元。

　　4. 地方人民自籌：約廿萬萬元。

二、分配標準

　　1. 舊有的辦法：

　　　中心學校：

　　　a. 教職員薪給由縣市經費項下開支，辦公設備等費由所在地鄉保自籌。

　　　b. 高級部經費由縣市政府籌集，初級部經費由所在鄉保負擔。

　　　國民學校：經費以所在保自籌為原則，不足之數由縣市經費項下支給。

　　2. 新頒的辦法：

　　　a. 經常費由主管機關統籌支給。

　　　b. 開辦、設備等費，除由主管機關籌給外，得由鄉保自籌。

三、與各級政費及教費之比較——根據教部廿五年度統計

　　　（1）中央：教育文化費佔歲出總額百分之四·四八，小學教育經費佔教費總額百分之五一。

（2） 省：教費占總歲出之百分比平均為一五‧
　　　□□，小學教育經費之百分比平均為一
　　　六‧一二。

（3） 縣：教費佔歲出總額之百分比平均為三二‧
　　　九一，小學教育經費之百分比平均為六○‧
　　　四七。

（二）台灣現況

一、經費來源：

1. 州廳支給：年約六、四四一、二二四元。

2. 市街庄負擔：年約三、四四二、○四五元。

二、分配標準：

1. 教員薪俸由州廳負擔。

2. 一般經費由市街庄負擔。

三、與政費之比較

台灣歲出總額為一四一、二七九、七三三元，教費
一六、七二三、○四六元，佔歲出 11.84%，小學教育
經費為九、八八三、二六九元，占教費 58.9%。

（三）接管後經費負擔問題之要點

一、 確定負擔經費之主體機關：台灣接管後國教
　　 經費，除按國內辦法由中央省府補助外，
　　 其大部份經費應由縣市政府負責籌給。

二、 國教經費應佔之百分比：日寇統治台灣
　　 五十年，奴化教育普遍推行，今後欲根除奴
　　 化思想，培育民族意識，惟有仍從教育方面

　　　　著手，經費勢須增加，教費應佔歲出總額百
　　　　分之十六至廿，國民經費應占百分之五十八
　　　　至六十。

三、舊有經費之維持：

　　1. 由州廳負擔之經費，接管後改歸縣市負擔。

　　2. 由市街庄負擔之經，接管後改歸鄉保負擔。

四、 新增經費之籌措：台灣自日人實施義務教
　　　育後，兒童就學率已達百分之九十九，接管
　　　後量的方面可暫不擴充，但質的方面須加改
　　　進，此經費應增加者一。國民學校應添失學
　　　民眾補習教育部，台灣失學民眾較少，民教
　　　部原可不設，但為根除奴化思想，培育民族
　　　意識起見，仍有設立之必要，此經費應增加
　　　者二。其新增之經費籌措辦法如下：

（1）中央補助

（2）省府補助

（3）沒收敵人之財產——至少應提百分之卅

（4）台奸之財產——至少應提百分之卅

（5）遺產稅

（6）日人賠款之部份

（7）聯合國善後救濟經費之部份

在台灣推行國語之師資應如何培養

前言

　　日寇統治台灣五十年，今後如何根除奴化思想，培養民族意識，實為教育上之最大責任，而國語教育尤為重要。國語為統一思想傳播知識之基本工具，台灣接管後，應以推行國語為第一要政，庶乎台灣乃可為祖國之台灣，一切庶政始可順利推行。

一、教育行政之意義

　　教育行政可說是教育行政人員推進諸般教育設施的功能的行動。簡單說便是國家對於教育事業的行政。明白點說，教育行政乃指國家對於教育負起組織、計劃、執行、監督、指導的責任，以最經濟的手段、最有效的方法，去謀實現國家教育宗旨及實施方針，藉以完成「國家教育」之使命。英國教育行政學鮑爾福（Sir G, Balfour）氏曾說道：「教育行政之目的無非使合理之學生於合理之情況下，從合理之教師受到合理之教育」。

二、教育行政之背景

　　教育社會學家芬尼（Finney）說道把教育當作商店管理（以一小區域自劃），無論怎樣科學化，怎樣小心翼翼，必感不足，必須對於社會機構有充分之認識方可。教育行政是實現國家教育宗旨和政策的工具，教育不能離開政治、經濟、社會、文化而獨立，教育行政更是隨時地為它們勢力所左右，現代教育學者多已覺悟，

如欲提高教育效能，非把學校圈子擴大到社會，就大處、遠處尋覓改造本身、改造社會的新方案不可。所以鈕龍（Newlon）稱教育行政是一種社會的政策。教育行政學者施菊野氏說：「新時代的教育局長是一個社會的工程師，他的主要職責就在發展社會政策，藉著全民教育的推行，實現民主社會之理想」。邱椿教授說：「現代良好教師之新責任在改造社會理想，在聯合其他國民共同締造一個合理之政治經濟之制度，在使全部教育機構成為實現這理想社會制度之工具。」

三、教育行政趨勢

（1）民主化：涵義有二：

A. 教育行政自身的民主化，例如 a. 教員有參與行政的機會。b. 教育長官對屬下無官僚的氣習。c. 視導員十分重尊對方的資格。d. 政府法令有伸縮餘地。

B. 教育的民治：即教育權操自公民，民意機關與教育機關異常接近，使教育成為真正民有、民享的事業。美國教育董事會由民選出，有決定政策通過預算及任命行政首腦之權。

蘇聯除地方工會的代表學生、校工等，皆得參加校務會議以外，教育行政機關更盡量容納公民意見，並獲得助力不少。

（2）集權化：美國教育行政固然是民主化，同時也是集權化。州教育行政長官握有極大權柄。蘇聯一面盡量許可公民參與教育行政，並接受他

們的意見，他方卻極力提高行政長官權限，其
組織上下相承，形成一種金字塔式的集權制
度，這種制度稱之為民主集權制度。中國亦趨
於民主集權制，但與蘇聯不同。

（3）科學化：行政組織、學校系統、教育視導、教
育經費、人事管理、學生升級、課程編訂、事
務行政及學校建築和設備等，皆有專家悉心研
究，精益求精。

（4）專業化：因教育行政日益科學化，所需要專門
智識和技能便益多。單憑個人一點小聰明和普
通常識決不能勝任愉快，教育行政領袖督學或
視導人員學校長職務成了一種專業，正如醫
生、工程師、律師需要長期專門訓練一般。

專業化教育行政之特點：（1）組織上易官僚式為
商業式——設科用人，根據需要授位，設職注重效用，
辦公力求敏捷，用人必當其才。（2）行政上易繁複不
合理的為簡便合理的。（3）視導上易消極偵察為積極
指導。

四、教育行政背景及其適應原則

雷沛鳴氏曾從教育行政立場指摘過去教育弊端，至
少有五：

（1）缺乏原動力：今後應以復興中華民族為原動力。

（2）教育與政治分家：今後應實行軍政教三位一體制。

（3）教育與經濟分家：今後學制應與經濟背景相呼應。

（4）缺乏社會基礎：今後應用慧眼抉擇我國獨特文化之

優點，並顧及本民族特性和地理氣候環境的因素。

（5）教育設施缺乏整個性、一貫性：今後應有遠大計劃，以實現社會主義之社會，即民生主義之社會。

五、教育行政史的觀察

我國公共教育發軔最早，孟子云：「后稷教民稼穡，樹藝五穀，五穀熟而人民育。飽食、暖衣、逸居而無教，則近於禽獸。聖人有憂之，使契為司徒，教人以倫。」

周以前我國教育本與生活有密切關，學者所學或為耕稼，或為禮樂射御書數，或為灑掃應對、進退之禮。即在春秋時代，子產之辦理鄉校，亦以農業為中心，勾踐之計劃生聚教訓也倡導所謂建教合一、文武合一，墨子教人勞作，許行教人自力耕種，更是生產教育之力行者。自孔孟輕視農圃，強分勞心勞力界限以後，讀書人漸成一特殊階級，益以西漢君主之表章六經，罷黜百家，儒者地位提高，士子日與農工商界分離，而他們所學的東西更不切實際了。

六、教育政策

現在各國對於教育政策集中在下面幾個大問題上：

（1）中央集權與地方分權

（2）教育官辦與教育民辦

（3）干涉與放任

（4）整齊劃一與參差多變化

（5）教育與宗教的關係

（6）中等教育之普及與選擇問題

（7）男女同校分校問題

甲、集權之利

（1）有精密之標準

（2）有整個的計劃

（3）可免地方事業畸輕畸重之弊

（4）可整齊教育事業

（5）便於非常時期之運用

此外如教育理想易於灌注，教育法令易於厲行，教育成績易於考察，及優良教育人員易於任用，都是中央集權優點。

乙、分權之利

（1）有競爭以助長教育之進步

（2）易適應地方需要

（3）不因中央而牽動全國

（4）指揮監督便利

（5）易於促進教育學術之發展

此外如地方人士對教育改進樂於參加，對於教育賦稅樂於捐輸等，均是分權長處。

丙、折中辦法

一方中央事權集中統籌全局，重訂各項施行標準，以整飭全國教育行政。他方卻仍須顧及地方的需要，獎勵自由試驗，培植地方對於教育的責任心和競爭心，以不妨全國教育統一為旨歸。

初等教育簡要統計

　　據教育部廿三年度統計，全國小學幼稚園二六〇、六六五校，其中公立學校二一四、〇一七校，私立學校四六、六四八校。公學校種類分別：幼稚園一、一二四校，初小二二七、七〇七校，完小二二、七二六校，簡小五、七五四校，短小二、六四〇校，其他小學七一四校。最近因中央加緊實施文教，結果數量自更增加。據統計所得廿四年度增收學童三、四六〇、九三〇名，廿五年度增收學童六、一九九、〇〇〇名。

　　師資方面：據廿三年統計，全國小學幼稚園教職員總數為五七〇、四三四人，其中公立學校四四九、九〇四人，私校一二〇、五三〇人。以種類分：幼稚園二、四七二人，初小四一〇、〇六六人，完小一四六、四八六人，簡小六、四七八人，短小三、一六九人，其他一、七五四人。

　　在學兒童，民十八至廿三年統計如下：

年度	在學兒童數	佔學齡兒童百分比	逐年增加度
18 年	8,882,077	17.10	
19 年	10,948,979	22.07	4.97
20 年	2,720,596	22.16	0.09
21 年	12,223,066	24.79	2.61
22 年	12,383,479	24.97	0.18
23 年	13,188,133	26.27	1.30

　　準上表知最近數年內每年入學兒童增加百分之一‧九七弱，可推想廿四年與廿五兩年度之在學兒童應為：

年度	在學兒童數	佔學齡兒童百分比
24 年	14,281,957	28.91
25 年	15,255,165	30.88

六年一貫制中學設立要旨

（1）六年制中學目標單純，單為升學準備，選擇學生
宜從嚴格，為使清寒優秀學生得有入學機會，應
多設獎學金或公費學額。

（2）各種學科平均發展，始終不予分組，務使學生於
人文教育平衡之發展，於生產勞作亦有相當之素
養，為進行高等教育培植一良好之基礎。

（3）各科全部課程均採直接一貫之編配，不必為二重
圓圈，以期增加教學效能。

（4）對於基本學科（國文、算學、外國語）之程度，
應予提高並求熟練。其餘各科雖較初高中合併總
時數減少，但因免去重複，應以切實達到高中課
程標準規定之程度為準。

廿九年十月教部公佈之教學科目：公民、國文、體
育、童軍、軍事訓練或家事、看護、外國語、數學、歷
史、地理、生理衛生、博物、化學、物理、勞作、圖
畫、音樂。

訓育

訓育問題之要點，不外方法與人員二者，前者欲其
臻於完密之系統，後者冀其切實負責。

青年訓練大綱對於基本觀念分為：（一）人生觀、
（二）民族觀、（三）國家觀、（四）世界觀。

訓練項則分信仰、德行、體格、生活、服務五類。

訓練方式：分日常生活與教學課程。日常生活包括
小組集會、野外遠足、農村服務、救濟服務、露營訓練
及外省旅行六項。

經費支配——中等教育

經費支配：中學占中等教育經費百分之四十，師範佔百分之廿五，職校不得低於百分之卅五，並規定逐年減縮中學經費之相當額數，以供擴充職校及師範之用。

校內經費之分配：中學、師範、職校俸給至多不得超過百分之七十，設備費至多應佔百分之廿，辦公費至多不得超過百分之十。

各地初級及高級職校單科一學級每年經常費應參照當地省立初中及高中，各以增加百分之五十為原則。

最近各國學制系統比較簡表

國別	規定入學年齡	小學年限（幼稚在外）	中學年限	大學年限（研究院在外）	全部學年約計	備註
中國	6 歲	6 年	6 年	4-5 年	16-17 年	各地變更於例外
英國	5 歲	9 年	5-7 年	4 年	至少 17 年	近於雙軌制
美國	6 歲	6-8 年	4-6 年	4 年	至少 16 年	單軌制
法國	6 歲	7 年	7-8 年	3-4 年	15-16 年	近於雙軌制
德國	6 歲	4-8 年	6-9 年	3-4 年	16-17 年	近於單軌制
意國	6 歲	5 年	4-8 年	4-6 年	17-19 年	近於單軌制
俄國	8 歲		9-10 年	4 年	14 年左右	中小學合計
日本	6 歲	6 年	5-7 年	3-4 年	17-18 年	近於單軌制

教師之任用

（一）由校長聘任的優點

  1.可因學校真正需要而聘用適宜人材。

  2.校長、教員之間較無隔閡，可望和衷共濟。

  3.校長既負一校之全責，則對於用人亦當有全權，
否則不易實現其教育計劃與理想。

  4.藉以增加校長對於用人的責任心。

（二）劣點

  1.教員地位每因校長更換而動搖。

  2.校長自聘教員，其選擇範圍每失之太狹，且難免
任用私人的嫌疑。

  3.各校用人各自為政，則不易調整一個行政區域的
師資。

  4.易成部落思想、地盤觀念。

（三）折中辦法

  教員由校長推薦，經主管行政長官核准任用為利多
弊少。

教師薪給之標準

（1）所受訓練
（2）教學經驗
（3）教師任務
（4）教學成績
（5）進修費用
（6）地方經濟能力
（7）地方生活程度
（8）優異成績

教育經費比例

　　各省市教育經費，年來稍有增加。就最近統計，最高額占預算百分之二七，最低額約居百分之八弱。

　　此種比例與歐美日本各國相去甚遠。依陳友松氏所舉：「英日俄等十國中央教育預算平均佔預算的百分之一○．三，英日德五國省及地方教育預平均占總額百分之一八至卅七．六。」

　　國聯調查團批評「依近似之估計，中國用於國家教育之經費，平均每人每年約佔二角五分至三角；而每人每年付與中央及地方政府之稅，平均約有三元之多」。

教育經費開源

(1) 整理學款

(2) 增闢稅源

(3) 利用官產荒地

(4) 發展公營企業

(5) 擴大教費單位

(6) 增厚國民富力

(1) 山東各縣共有學田卅餘萬畝，全年收入不過四十
　　萬伍千餘元，平均每畝收入只有一元三角餘。
　　江蘇各縣共有學田八十餘萬畝，年收共九十四萬
　　伍千餘元，每畝平均一元一角有奇。

(2) 第二次全國教育會議確定遺產稅為今後教育經費
　　的來源，其支配方法以五成歸中央，二成歸省，
　　三成歸縣。

　　廿四年政府公布財政收支系統辦法，確定百分之廿
至卅的所得稅及百分之廿五遺產稅劃歸縣區。

各級教費支配合理化

（一）政府對於各級教費應負何種責任？

（二）各級教費支配，在教費總量上應佔何種比數？

我國高等教育經費，由中央或省負擔；中等教育及民眾教育實驗事業，由省或縣負擔；小學及一般民教經費，概由縣市負擔。國聯調查團曾有嚴厲的批評：「此種支配之結果，發生極特殊之奇異現象，依據近似之估計，中國每學生每年所占之教費，在初級為三元五角至四角，高小為十七元，初中約達六○元，高級中等學校一二○元，高等教育則達600元至八○○元。」

國家金錢用於一小學生及一大學生之差數，在歐洲各國尚未超過一比八或一比十，中國則達一比二○○，實為前所未聞也。中國對於為大眾而設之初等學校較之中等學校，尤其較之高等學校，實異常忽視。

十九年度中等教育統計，普通中學學校數約占中等學校總數三分之二，經費約占四分之三，學生數超過四分之三，職業學校數不及十分之一，經費僅及十分之一，學生數不及百分之七。

行政官廳支配各校經費依據之標準

（一）班級的數目

（二）註冊學生的數目

（三）學生實際出席人數

（四）學生實際上課時數

（五）教員多寡及其資格高低

（六）課程增減及其科目多寡

（七）學校實際成績良否

（八）地方貧富情形

黎少達第一次研究報告要點

（一）教育行政機關之功能概別之：

(1) 領導、(2) 法權、(3) 統合、(4) 會商、(5) 合作。

（二）改進辦法：

(1) 健全組織：A. 建議部份、B. 執行部份。

(2) 用人：延用專家。

（三）班本部批答：注意行政三聯制。

世界製憲的趨勢

　　從世界製憲的趨勢言，教育在憲法條上所占的地位逐漸擴大，第一次歐戰前各國所製訂的憲章，如英之大憲章、法國第三共和的憲法、意大利的基本法、美利堅合眾國憲法、日本憲法都沒有關於教育條文。在戰後各國製訂的憲法大都列有教育條文或專章，茲表列如下：

國別	製訂年月	專章	專條	備註
法國憲法	1919 年 8 月 1 日	第四章	142 條到 150 條	章名教育及學校，共 9 條
波蘭共和國憲法	1921 年 3 月 17 日		117 條、118 條、119 條、120 條	共 4 條，列入人民之一般義務與權利章
土耳其共和國憲法	1924 年 4 月 30 日		80 條、87 條	共 2 條，列入國民權利章
西班牙共和國	1931 年 12 月 9 日	第三編 第二章	26 條、45 條、48 條、49 條、50 條	26 條列入私權及公權之保障章，其餘各條列入家庭經濟及文化章
蘇聯憲法	1936 年 12 月 5 日		第 121 條、124 條	列入公民的基本權利和義務章

　　憲法的主要目的是准許人民參政，參政一定要有教育作背景。

教育經費分配

省：四川　　　　廿六年度
（1）教育行政　3.75 %
（2）學校教育　55.34 %
（3）社會教育　4.6 %
（4）義務教育　13 %
（5）特種教育　3.7 %
（6）邊民教育
（7）補助費　　6.9 %
（8）特別預備　2.4 %
（9）預備費　　0.87 %
（10）補助川大　4.8 %
雲南　　　　　廿七年度
（1）高等　　　19 %
（2）中等　　　41.5 %
（3）初等　　　13.5 %
（4）社教　　　4.8 %
（5）教育行政　4.4 %
（6）各項補助　2.4 %
（7）臨時費　　14 %

　　戰前各省教育經費總數最多的是廣東、江蘇兩省，最少的是青海、寧夏（青只十五萬餘）。

　　教費占經費總數百分比最高的為甘肅、江蘇，次則為安徽、廣東兩省，寧夏則居末位。

縣：　教費占歲出百分比

江蘇　32%（廿五年度）

浙江　21%（廿五年度）

福建　28%

山東　38%

河南　39%

青海　64%

寧夏　53%

福建省為平均發展地方教育起見，訂定標準：

甲、全年經費不滿五萬者

（1）初教費占百分之七十至七五

（2）社教費占百分之一〇至二〇

（3）預備費占百分之一〇至二〇

乙、全年教費在五萬元以上、十萬元以下者

（1）初教費占百分之六〇至七〇

（2）社教費占百分之一〇至二〇

（3）中等教費占百分之一〇至二〇

（4）預備費占百分之一〇至一五

丙、全年教費在十萬以上者

（1）初教費占百分之五〇至六〇

（2）社教費占百分之一〇至二〇

（3）中教費占百分之一五至廿五

（4）預備費占百分之一〇至一五

黨義研究筆記

一、法令方面　1944年12月27日

　　黨義研究之範圍：（1）狹義——三民主義。（2）廣義——總理全部遺教。吾人研究黨義，自以全部遺教為範圍，中國國民黨總章為本黨根本之大法，經十五年、十八年、廿七年三次修改，現行之總章歸納起來，可分五點：（1）黨員、（2）組織、（3）黨之運用、（4）黨之紀律、（5）監察權之運用。

　　（1）黨員：

　　　　1.志願、2.年齡、3.宣誓、4.享受權利、5.履行義務、6.遵守紀律。黨員須有以上六項之限制。

　　（2）組織：

　　（一）原則：a.採用民主集中制原則：1.少數服從多數、2.下級服從上級，即一面發揮民主精神，一面採用集權制度。b.黨政運用原則。c.採取相當秘密原則。

　　（二）組織系統：中央以下可分三個系統：

　　　　a.地方黨部系統——省——縣——區——區分部

　　　　b.海外黨部系統——總支部——支部——區——區分部

　　　　c.特別黨部系統——特黨部——團——連

　　　——區分部

　　邊遠地區、盟旗黨部設置，相當於省縣。

（三）組織機構：可分為三部份：

　　a. 執行部份——各級黨部執行委員會

　　b. 監察部份——各級黨部監察委員會

　　c. 權力機關——各級代表大會或黨員大會

　　各級黨部內部構造

　　1. 區分部：執委三人，a. 書記、b. 組訓、
　　　 c. 宣傳。

　　2. 區黨部：執委三人，監察一人。

　　3. 縣黨部：執委三人或五人，由上級指定一人
　　　 為書記長；監委三人，推定一人為常委。

　　4. 省黨部：執委五人至十一人，由中央指定一
　　　 人為主委，一人為書記長，分設三處：a. 秘
　　　 書處、b. 組訓處、c. 宣傳處、d. 各種特種委
　　　 員會。

　　　 監委三人至五人，推定一人為常委。

　　5. 中央黨部：

　　　 一、執行方面——中央執行委員會——中常
　　　 會常委九人至十一人，秘書長副各一人，由
　　　 總裁提請中央執委會選任之。

　　　 分設組織、宣傳、海外三部，另設有三重要
　　　 委員會：（1）中央政治委員會，現由國防
　　　 最高委員會代行職權；（2）中央黨務委員
　　　 會；（3）中央訓練委員會。

　　　 二、監察方面——監察委員會

6. 區分部、小組、黨團：區分部是黨之基本組織，小組是訓練黨員的一種組織，黨團是負有臨時某種特殊任務之黨外組織。

（3）黨之運用

一、在政治方面：黨透過政，不直接對外。

  a. 中央：以黨馭政

  b. 省：黨政聯繫

  c. 縣：融黨於政。即在中央方面，由中執會產生中央政治委員會決定國家一切大計，及特任官、政務官之任免。在省方面，採用特別小組、黨政聯席會議，及黨部主任或書記長出席省府會議辦法，經常保持黨政密切聯繫。在縣方面，除採用特別小組辦法外，縣自治指導員由書記長兼任，縣自治推行委員會由黨部主持，縣參議會成立後，縣黨部完全採用秘密方式活動。

二、在社會方面：對各民眾團體，表面完全由政府管理，黨不直接指導。

（4）黨之紀律

  黨之制裁可分六點：1. 警告、2. 停止黨權、3. 短期開除黨籍、4. 永久開除黨籍、5. 全部重行登記、6. 全部解散。

（5）監察權之運用

  1. 監察黨員行動、2. 審查黨務進行、3. 稽核財政收支。

  為加強監察權運用起見，有黨員監察網之設

置，即每一區分部選出監察員三人（至少一人）組織監察網，負黨員言行監察之責，任期六月，但經縣監委之許可，得延長之。

二、三民主義　1945 年 1 月 6 日

1. 民族主義：總理領導革命，推翻滿清。總裁繼承遺志，領導北伐，統一中國；領導抗戰，取消不平等條約，均為民族主義之具體表現。今後吾人應加倍努力之點：甲、對內：（1）恢復民族固有道德；（2）努力增進本身知能；（3）近期趕上現代文化。乙、對外：（1）與主張公理國家站在一起；（2）與主張公理國家密切團結，以打倒強權。

2. 民權主義：總理所說之民權與天賦人權有別，民權是人民用革命方式爭取來的，反革命的人，是不能享受的。但並不是反對盧梭學說，是對盧梭學說之又進一層，是保障革命、對反革命的一種限制。中國過去數千年一治一亂之局面，完全是帝位之爭，倘人民有權，即可防止此種現象之發生，總理之民權主義是求長治久安、一勞永逸之辦法。權與能分開，人民有權，政府有能，政府固應充分發揮「能」，以謀人民的福利，但人民亦不能濫用「權」，事事牽制政府，使政府一事不敢為。政府官吏應：（1）尊重民權、（2）替人民做事、（3）幫助人民做事。治績的表現，非一朝一夕所可辦到，人民應當協助政府、擁護政府，以利政令之推行。

3. 民生主義：三民主義之最後目的，為實行民生主義。但民生主義，最不易為一般人所能了解，大概不外三派：（1）認為理想太高、（2）中國無此需要、（3）認為不澈底。此三種人對中國空間時間，均未能有正確之認識。欲解決中國現在民生問題，及防止將來民生問

題發生，惟有切實實行民生主義。

　　余服務戰區七載，深感中國將來之大患，不是敵寇，而是中國共產黨。敵偽僅佔有少數點線，廣大之「面」完全為共黨佔領，對於土地政策，推行不遺餘力。為防止共產主義蔓延，惟有徹底實行民生主義。節制資本，是提高和增加生產，並不是節制生產，是節制私人生產，發達國家生產。但今後應注意兩點：（1）外國之工業，即外人在中國投資之工業，主權應操之在我。（2）國難財之工業，應有限制。

三、建國方略
（一）心理建設——孫文學說 1945年1月
　　 15日

（1）**知難行易學說之產生**：知難行易學說，消極方面，在糾正一般人心理上的錯誤；積極方面，是在建立新的革命哲學，作為推動革命主義和革命方略的一種偉大的力量。辛亥革命成功之後，一般黨人皆誤認總理理想太高，不適於國家之用，遂發生「信仰不堅，奉行不力」的現象，馴至各種建設，無法進行。革命主義未由實現，最大的病源，就是由於社會上一般人心理，深種了幾千年來「知之非艱，行之惟艱」這個傳統的遺毒，所以總理說：「中國事向來之不振者，非坐於不能行也，實坐於不能知也。及其既知而又不行者，則誤認以知為易、以行為難也。使中國人無所畏而樂於行，則中國之事，大有可為。」中國積弱的原因既如此，為澈底掃除革命前途的障礙，就非澈底肅清這種國民心理上之大敵不可，知難行易的學說，就在此革命的實踐中產生了。

（2）**與陽明知行合一學說之異同**：陽明之「致良知」、「知行合一」，其立言主旨：「今人卻將『知行』分作兩件事去做，以為必先『知』了，然後能『行』；我如今先去講習討論做『知』的工夫，待『知』得真了，方去做『行』的工夫，故遂終身不『行』，亦遂終身不『知』。某今『說知行和一』正是對病的藥，又不是憑空杜撰，知行本體，原是

於此。」他對知行還更進一層闡述說：「『知』是『行』的主意，『行』是『知』之工夫，『知』是『行』之始，『行』是『知』之成」。又說：「『知』之真切篤實處便是『行』，『行』之明覺精確處便是『知』。」這對於知行合一解釋得非常透澈。總理為求達革命建設之目的，亦曾以陽明「知行合一」之說，以勵同人。惟久而失之，終覺奮勉之氣，不勝畏難之心，因體驗到「知行合一」說之不合用，才提出「知難行易」說以代之，其不合用處，約有兩點：

（1）不能推翻知之匪艱，行之匪艱，傳統之舊說；

（2）不能鼓起力行的勇氣，使人無所畏而樂於行。

這兩種感覺，的確是很對的，不過陽明知行合一說與總理知難行易說，雖互有異同，並不是根本不相容的，例如陽明說「未有知而不行者」，這就與總理所說「能知必能行」是彼此相同的，陽明所謂知行合一與總理所稱「知難行易」之「知」在本體上雖然不同，而其作用是要去「行」的一點，就是注重「行」的哲學之意，亦是相同的。至於陽明以為「知」是「行」之始，致「知」必在於「行」，推其意是以導行，由「行」證「知」，其歷程為「知──行──知」；總理分人類進化為三時期，其歷程為「行──知──行」，即「以行求知」、「因知以進行」，這是彼此相異之點。實在說起來，知難行易學說與陽明知行合一說是不衝突的，匪獨不衝突，而且可以互相參證的。團長說：「總理對於王陽明的學說，雖然批評得很多，但對於他的重視『行』的一點，卻很明白

的。」主張「將王陽明知行合一動的精神，再加上總理『知難行易』『行』的哲學，來闡明融會貫通成一種新的民族精神」，這一點很值得我們注意研討的。

（二）物質建設——實業計劃　1945 年 1 月 26 日

（1）如何實現總理實業計劃中之西北交通系統

　　中國問題不在東南，而在西北，早為識者所共認。欲開展西北，必先開發交通。欲開發交通，必先有完善之計劃與詳慎之準備。總理實業計劃，西北鐵路系統計長七千餘英里，其他公路建築與電信設備，均屬急需。欲完成此西北交通網，其先決問題約有數端：

　　（a）**人力問題**：西北地廣人稀，民族錯雜，欲建設交通工程，動員當地數十百萬人力，甚屬困難。既遠道招募、運輸及給養，均當事先準備。故農村建設、移民墾殖，實應同時並進，廣漠荒原興建工程，員工損失必不可免，如何使人力得以補充，實為最大問題。而當事先準備，務使工人之來源不竭，當地之農墾，不受影響，相輔而成，庶乎交通工程可順利進展。

　　（b）**物力問題**：西北礦產雖富，均未開發，交通建設，所需要之銅、鋼、鐵等，雖有蘊藏，尚難取用。木材雖多原始森林，或有關水利，或阻於道路，採伐有詳審考慮之必要，現在輕便交通之機器，可運自國外；五金出產，可取之西南，然輕便交通建立後之擴充與維持，非就地取材不可。故工礦農林，應先就足以維持，或補助交通事業者籌辦，與交通事業並進。開發西北者，能以經濟營運為後，而以補助交通為先，則庶乎可矣。

　　（c）**步驟問題**：開發西北，刻不容緩。偉大之工

程，須經十數年，或數十年者，不足以應當前之急。輕便交通當首先舉辦，然後再從事於永久大計。西北因地勢、氣候等種種關係，交通建設須特予設計，非短時期可一蹴即就者，故必先預定交通事業進展之步驟，以輕便交通工具為大計劃之先導。然輕便交通事業容易舉辦，各方往往各自為政，則人力物力消耗甚鉅，至不經濟。國家應嚴訂設施步驟，按次進行，庶技術標準一致，所費亦經濟合理。

交通事業，不外運輸與通訊，竊以為運輸方面，應：

（a）發展空運：使千里廣原，朝發夕至，溝通重要之運輸。

（b）發展驛運與公路運輸：驛路應為公路之先導，公路應為鐵路之先導。

（c）建築輕便鐵路：輕便鐵道，建築容易，所用材料國內已可製造，不妨採用三十五磅之輕軌，從事新築，以為大鐵道之先導，浙贛鐵道前身之杭江鐵道，即採用此項輕軌而完成，可作前例。

至通訊方面，應：

（a）迅速建立無線電報話網：西北方面，有線電報站網建立需時，應先從速建設無線電報話網，使各地通訊、運輸通訊均能利用。

（b）發展郵運：運輸便利後，發展各地郵電，深入民間，使中土文化輸入邊疆，免有隔閡。

如是輕便交通發達後，工礦農墾隨同進展，然後實現總理實業計劃中之西北交通系統，則邊陲屏藩，庶幾鞏固，民族團結，自無困難矣。

國防政策　陳誠　1945 年 4 月18 日

國防政策的目的，是要建立三民主義的國家。

總理說建國：（一）保、（二）養。

總裁說「建國必先建軍」、「建軍必先整軍」。

根據總裁訓示：

（一）配合部隊反攻，充實反攻主力。

第一步先充實 36 師（由 50 師合併），年內可建立 70 師，全國約共有三百五十餘師。

（二）改善士兵待遇：（1）改金錢制度為實物制度。

（三）調整機構：原有二萬一千餘單位。

經調整後，有三千七百餘單位。

最後調整有二千七百餘單位。

領軍糧有五百卅萬人，實有兵員四百七十萬人。

（四）裁減兵源之安置。

怠者不能修，忌者畏人修。

（一）不革命、（二）不要青年、（三）生活腐化，以上為思想左傾之青年攻擊政府之三點。

對共產黨問題不是談判所可解決，惟有實行三民主義才可以解決。

（一）怕無用、（二）輕視亦無用，應自己檢討。

民族主義確已盡最大之努，民權、民生未行。

現在教育為造成共產黨之教育。

讀書人自成一階級，造成階級鬥爭機會。

（1）今日之事宜少談理論，多談實際問題。

游擊隊應以優秀軍人領導，不應以落伍軍人領導，

今日之游擊隊「游安全之屋」、「擊無辜之民」。

不應找人家缺點來攻擊，應找自己缺點來改正。

病死四十二萬，在病中者有五十餘萬官兵。

赫爾利將軍云：「欲中國統一必先軍事統一，然後才可以政治統一。」

善後救濟

（一）特殊問題

　　一、法律問題

　　二、敵人經濟政策

（二）一般問題

　　一、都市經濟救濟

　　　　以工代賑

　　二、難民回鄉的救濟（八千萬—— 一千萬）

　　　　交通工具、食宿、以工代賑

　　三、孤兒的救濟

　　　　殘廢，年老無依者

　　　　交通復員：先恢復鐵路，以工代賑

　　　　農業復員：耕牛廿萬頭，由聯合國救濟總署救

　　　　濟中國

　　　　華北平原可用機器耕種

　　　　華南用牛

　　　　困難：（1）一面打仗一面救濟

日文班筆記

会話

一、分リマシタカ？　　　　　　　（懂嗎）
二、イ卫米國人デハアリマセン　　（伯不是美國人）
二、分リマシタ　　　　　　　　　（懂了）
（一）二竹キマ゛ガ？　　（此系八何京デスカ）
一、此系二竹キマセン　（日本ニ此家ハ中央物練園デス團）
て幾ウデスカ？　　　　　（未夕有リマスカ？）
二、二園五十錢デス　　　　（三元五）
一、今ね時デスカ　　　　　（現在甚時）
二、品ジ゛ウ゛ズ　　　　　　（仕方ガ有リマセン）
二、財十分かるデス　　　　（大約十五）
八、伯ハ米國人デスカ？　（他是美國人嗎）二怕リ忙シタアリマセン

一、美味イ（旨い）デスカ、（好喫么）
二、美味クナイ。（不好吃）
一、邪シイデスカ（邪鳴）
二、大変邪シイデス（絶邪）
一、終リマシタカ、（完了鳴）
二、今直グ終リマス（即刻敢完）
一、彼ノ仕事ハ忙シイデスカ、（紹事忙么）
二、私ヨリスット暇デス（我比他閑得多）
一、貴方ハドレカ好イヽ（好イト思ヒマス）

……ッテモ丈夫デスカ、（送給也行么）
二、恐ラク駄目デセウ（怕靠不行）
一、貴方ノ時計ハ正確デスカ（你的表準鳴）
二、今ハ合セタ許リデス（剛々対す）
一、貴方ハ疲レマシタカ（辛苦傳鳴）
二、少シ疲レマシタ（有一点）
一、彼ハ何時頃帰リマスカ（什么時回来）
二、何時ト定テ居マセン（不定有時）
一、郵便局ハ何處デスカ（郵局在名处）
二、此處カラ一里有リマス（此处去一里）

一、何卒煙草ヲ口止し（吸）（後吸煙）一、何ヲ御勉強デスカ（係用什么功）（學習暑語）

一、イマヤハ止メマシタ（別マシ功）六、日本語ヲ習ッテ居リマス

一、此ノ茶ハ香ガナイネ（現在も或る）一、時間ニナリマシタ出掛ケセウ

二、新シイーナイシテ参リマセウ二、先ニ行キナサイ後カラスグ参リマス

一、君ハ服デ卯ッテ来タンデスカ（名星我星實車来）一、貴方ハ彼ヲ訪問ナサイマシタカ

一、イマ汽車デ卯ッテ来タノデス（係用他ノ前想得）一、度々訪ネマシタカ何時モ留守デス

一、貴方ハ前カラ彼ヲ御存知デスカ六、貴方ハ何時御出養デスカ

一、ソウデス彼ハ私ノ古イ友達デス六、末ダ五六日マデハマブシナケレバナリマセン

一、何カ御出掛ケデスカ一、彼今日来ルカモ知しマセン

一、風呂ヘ行クノ義デス六、来ルト言ッテ居ッテ居マシタガハッキリ

一、貴方ハ彼ヲ御存知デスカ

六、頭ハ知ッテ居ルガ名字ハ知ラナイ

一、此年ハ何日頃帶ヲ左デ…シタカ、

二、三週間帶ヲシマシタ

一、私ノ日本語ヲ御聞キニナッテ

一、私ノ日本語ハ御聞キニナッテ…音ガ出ルノデスカ、

二、貴方ノ發音ハマア宜シイデスガ　タダ語調ノ違ッテ居ル所ガアリマス

一、私ニ話シタガ言イタラウカ

一、ソノ方ガ良イ良ウカ？

止メタ方ガ良イ良ウカ？

六、君ハ…話ササナイ方ガ良イ…シ　タラ彼ハ屹度怒ル

一、遠クナッテ居ミマセン／

ドウ致シマシテ

一、皆早ク才出デニナッテ…バカリデス

六、皆モ今才出デニナッタ…

一、貴方ハ行キマスカ

六、私ハ竹カナイ積リデス

一、…アナタ竹キマセンカ、

六、眠ガ有リマセン

一、手紙ガ来マシタカ

六、一通参リマシタ

一、ナ別ジ......

一、何ノ用事ガ有リマスカ

六、別ニ用事ガ有リマセン

一、コレハ誰ノ若物デスカ

六、私ノ若物デス

八、全部デ幾個有リマスカ

六、全部デ六ツデス

一、隅ミマセンデスケレドモ御名前ハ何トオシヤイマスカ

六、私ハ陳ト申シマス

一、コレハ見タ形安イ橋デス

六、トウシテ買ハナイノデスカ

一、鉄ヲ持ッテ居ナイ

二、五替シマセウ

一、オ宅デハ皆指オ達者デスカ

二、オ蔭指デ皆元事デス

一、御家様ハ少方デスカ

六、家族ハ北平ニ居リマス

一、貴方ハ時計ヲオ持チデスカ

二、私ハ持ッテ居マス

八、今何時デスカ

二、未ダ五時ニナリマセン

一、貴方ハ何時頃家ニ住ンテ居マスカ

二、私ハ青年会ニ住ンテ居マス

一、此家ニ来テカラ幾年ニナリマスカ

六、未ダニ年ニナリマセン

二、二階デ誰ガ話シテ居ルノデスカ

二、楊君ト李君デス

一、何ノ話デスカ

二、世間話ヲシテ居ルデセウ

一、此ノ橋ニシテ宜シイデセウ

六、多分良イデセウ

一、恐ラク駄目デセウ

二、私ハ幾度モ良イト思フ

一、君ハ沢山書ル積リデスカ

二、私ハ斯様ニ遣ル積リデス

一、君ハ一人デ書ルノデスカ

二、彼ガ私ヲ手傳ッテ呉レル

一、君ハ彼ニ聞キ　マシタカ
ナシド
二、何度モ尋キマシタヨ
一、彼ハ何トヱヒマシタカ、
ナ
二、彼ハ仕方ガ無イトヱヒマシタ
コウエン　キク
一、貴方ハ中山公園へ菊見ニ行マシヤ
二、未ダ行キマセン

二、二三日シテ一行ニ參リマセウ、
シグク　ケッチョ
六、五御馳走デス
一、貴方ニ御心配掛ケマシタ
ニドハ致シテシデ

一、本當ニ偉ニッセン
ニ、ソンナ事有リマセン
一、シャツガ有リマスカ
二、御座イマスコレハ如何デセウ
いかが
六、狭クハ有リマセンコレハ
ユラベ
一、夜店ハ何ヘ行キマシタカ、
十三
一、何ヲ買ヒニ行キマシタカ、
ダケ
二、散歩シタダケデス

一、君ハ何故ボンヤリシテ居ルノカ
二、僕ハ腕時計ヲ忘レシテ仕舞ッタ
一、持ッテ来ルノヲ忘レタノデナイカ
一、誰モ知レナイ
一、ボーイ勘定シテ呉レ
一、勘定シテ参リマシタ
一、ミンデ幾ラデス
二、ミンナデ六圓デ御座イマス
一、貴才ハ明日午前御出ニナリマスカ
二、一時ニ屹度参リマス

一、私ニ待千呆ヶヲ喰ハシヂャイケマセンヨ
二、ゾンナコトサセルモーデスカ
一、石炭ノ相場ハ如何デスカ
六、今日又謄リマシタ
一、トウ云フ譯デスカ
六、市場ニ品ガ中々不足シテ居リマスカラ
デス
一、彼ハ何家へ引越シマシタカ
二、市外へ引越シマシタ

一、不便デセウ

二、御チン 家賃が助かります

一、彼ハ結婚シマシタカ

二、モウ空リマシタ

一、何時式ヲ挙ゲルノデスカ

二、ニコ〳〵シタ相デス

貴下ハ今度良イ所ヘオ出デニナリ

マシタ 有合セノ飯ヲ一僃二食ベマ島

二個フト有合セノ飯デス 縷

遠慮真グ御馳走ニナルノデス 味

一、ホンノ有合セノ飯デス 御遠慮ハ
用デス

六、ソレハ一ツ御馳走ニナリマセウ

一、君ハドウシテ来ルノガ遅レタノデスカ

ニ、少シ用事ガアリマシタカラ

一、彼等ハ皆来マシタカ

二、マシタ 其君ヲ待ッテ居タノデス

一、皆居ナキマシタカ

二、末ダ尻付キマセン

一、ドウシテヨシナニ此ノ一匹イーデスカ

六荷物ガ餘リニ多イモノデスカラ

一貴方ハ明日御在宅デスカ

六明日ハ家ニ居リマセン

一何ヲ御遊ビニオ出デニナリマスカ

六私ハ芝居ヲ見ニ行ク積リデス

一此頃ハオ忙シイデスカ

六此ノ二三日ハ非常ニ忙シイ

一ドウシテソンナニ忙シイノデスカ

六仕事ガ餘リニ多イモノデスカラ

一貴方ハ道ヲ御存知デスカ

六私ハ一度行ッタ事ガ有リマス

一此處カラ大分遠イナセウ

六ソンナニ遠クモ有リマセンヨ

一貴方ハ何處ヘ行キマスカ

六私ハ友人ノ家ヘ行キマス

一後程私ノ家ヘイラッシャイ

六ヒマガ有レバ必ズ参リマス

一一緒ニ御飯ヲ食ベマセウ

六僕ハモウ濟ミマシタ

一裏シナクトモ良イヂヤ

一、アリッゼンカ

二、俺ハ遠慮ナシデスルモノデスカ

一、私ハ御願申シマス

二、何テオ申急ギニナルンデスカ

二、アー方オ会ヒデシタラ、宜

シクオ傳ヘ下サイ

二、何ゾ烟草オ吸ヒ下サイ

一、私ハ今調法デス

二、御遠慮ナサイマスナ

一、私ハ本高二年調法デス

八、俺ノ話シタ アー事ヲ君ハ

彼ニ言ヒマシタカ

二、ハイ、言ヒマシタ

一、彼ハ何ト言ッテ居リマシタ

二、屹度アー通リニ書ルト言ヒ

マシタ

一、コレハ何ト云フ銀行デスカ

ニコ...通訳ヲ引デス

一、渡華生ハ歳捜テスカ

二、貴本生ハ五千万圓デス

唐公又玄先生事略

　　唐公諱秉玄，字又玄，江蘇省鹽城縣人，生於民前四年六月六日，一生獻身教育，先祖耕讀傳家，當地望族。父存俊公，字秀卿，熱心公益，濟貧恤困，造福桑梓，望重鄉里，母季氏系出名門，溫良賢淑，勤儉持家，相夫教子，敦親睦鄰，懿行遠播。

　　先生秉性忠厚，聰慧異常，幼年入私塾啟蒙，熟讀四書五經，旋就學鹽城縣第五高小，卒業後繼考入江蘇省立第六高等師範，北伐軍興，續又考入國立中央大學農學院，均名列榜首，畢業後派任江蘇邳縣中學校長，工作優異，於民國廿年秋，調任江蘇省東海縣教育局長，民國廿三年，先後主持鹽城農職中及聯合中學，並兼任鹽城復興日報社社長，鼓吹擁護政府抗日，復興中華，服務鄉里，歷經十載，旋因抗日軍興，蘇北淪陷，先生不忘教育乃國家百年大計，率領青年學子六十餘人，長途跋涉，終達抗戰聖地，陪都重慶，完成青年學子學業及參加抗日工作，倍受中央嘉勉。

　　民國卅三年底，抗日戰爭，接近勝利。中央訓練團成立台灣行政幹部訓練班，分設民政、教育、司法、財政、農林等六組，先生奉教育部陳立夫部長親自遴選參加訓練，準備台灣光復，辦理接收工作，民國卅四年五月，中央訓練團復成立台灣研究部，先總統蔣公自任團長，遴選連震東、薛人仰先生等卅人為研究員，先生亦被選為該團上校研究員。

　　民國卅四年八月十四日，日本宣佈無條件投降，先
生奉調任台灣省行政長官公署教育處科長。正式辦理接
收教育事宜，同年十月九日，先生由渝飛滬轉台，並於
十月廿五日，參加在台北公會堂（即今中山堂）舉行
日本投降之受降典禮。事後據悉，當年清朝甲午戰敗，
割讓台澎，移交人地冊籍，亦係在該地舉行，若非巧
合，古云天道好還，誠信而有徵。先生平日與親友暢談
往事，經常道及目睹日本俯首投降之實況，引為生平最
難忘之光榮史蹟。旋即展開台省教育接收工作，百廢待
舉，誠屬不易，直至民國卅五年春，始大致底定。奉派
省立嘉義高級中學，台灣光復後第一任校長，篳路藍
縷，網羅優良師資，績效斐然，凡嘉中畢業同學，投考
大專院校，其錄取率，皆位列前茅，而今國內政教工商
界位居要津者，其中有多人均係當時嘉中校友，其辦學
成績，至今仍為人所稱道。民國四十年春，奉派擔任台
中高農校長，至民國六十二年秋，始奉命屆齡榮退，歷
經廿三年，培養農業專才，協助台灣農業發展，厥功甚
偉。民國四十四年奉教育部選定為「示範農校」，該校
畢業生，並膺選為中華民國第一屆「草根大使」，先後
赴東南亞及中南美各國訪問考察，開國民外交之先河。

　　先生德配沈逸塵女士，出身名門，為同邑書香世
家，知書達禮，相夫教子，為親友族人所稱道，先後任
教省立嘉義女中及台中商職等校數十年，乃因積勞成
疾，不幸於民國七十九年八月病逝，享年八十有一，先
生哀痛愈恆，生前因年老多病，常於精神恍惚間，猶問
其子女曰：「汝母今在何處」，或問：「伊現在生活如

何」，伉儷彌篤，生死相依，可見一斑。

先生有弟二人妹三人。大弟秉茲，二弟秉素，皆學有所長，並均獻身教育，為台省人士尊稱為唐氏「三傑」，秉茲先生負責嘉義地區教育行政工作，及執行九年國民教育之實施，並協助創建大同商專，現任教該校，對嘉義地區教育貢獻頗多。秉素先生擔任嘉義地區多所國民小學校長職務近四十年，建樹良多，曾被選為特優校長，弟媳二人亦均任小學教師。

先生育有四男二女，由於家學淵源，幼承庭訓，故均學有專精，事業有成。長男潤秋，國立中興大學畢業，曾服務於台灣省林務局，後入美國北卡州立大學深造，獲林學博士，現任職美國阿拉巴馬州奧本大學常任教授，及北美洲林產學會東南區主席，著述亦豐，曾榮登美國及世界科學名人錄。次男潤寅，任嘉義大同商專組長、主任等職。三男潤初，現服務於省立台中一中擔任訓導工作。四男潤台，獲美國北卡州大學兩個科學碩士學位。現服務於北卡州電腦科學資訊公司，擔任資訊工程師職務，並對環境工程之評估研究，有獨到之處。長女潤國，任職省政府建設廳。其夫婿鍾永祚先生，曾任中央日報編撰兼省政特派員。次女潤嘉，曾任教台北商專，其夫婿陳台生先生，現服務於北卡州之吉娣電話公司，擔任電腦程式設計師。其子媳均受良好教育，現在海內外任職及主持家務。孫子女眾多，現均在國內外求學或工作。

先生奉獻教育事業，歷五十年，擔任校長一職先後四十餘年，其矢志不移，令人欽佩，唐氏一門，兄弟、

夫婦、子女多人均服務教育界，可謂「教育之家」。唯
因先生近年，年高體衰，終於民國八十三年十月十日
病逝，享年八十有七，福壽全歸，且子孝孫賢，克紹箕
裘，當可使先生含笑九泉矣！

　　夫天既以先生為木鐸，清廉自守，勤苦自勵，作育
英才，心存社稷，志在黨國，觀乎今日域中，凡社會名
流，黨政各界碩彥，其德業有所成者，不乏出自先生門
下，先生之德，可謂始自桑梓，而澤及四方，先生之
風，山高水長。

唐秉玄先生治喪委員會　謹識

民國 83 年 10 月

研究論文

日記中的歷史：
唐秉玄《日記簿》中的台灣
行政幹部訓練班

劉明憲

萬能科技大學通識教育中心副教授

摘要

　　日記，除了是個人私密生活之紀錄外，亦是另類的二手史料，特別是歷史名人及關鍵人物之日記。每當檔案資料闕如或隱晦不明之際，日記經常成為關鍵性的史料。

　　中日戰爭末期，在重慶復興關開辦的台灣行政幹部訓練班，除了展現國民政府收復台灣之決心外，亦正式啟動了戰後國府接管台灣之預備機制。然而，這段影響日後台灣接收工作甚鉅的關鍵史實，卻因檔案資料的闕如及不公開而隱晦不明。所幸，當時在台灣行政幹部訓練班受訓的學員之一——唐秉玄——其受訓日記的新出土，彌補了檔案史料受侷限之困境。

　　唐秉玄，民國前 4 年出生於江蘇鹽城，國立中央大學畢業，來台前曾任江蘇東海縣教育局局長、鹽城職業學校校長、鹽城聯合中學校長、教育部戰區教育指導委員會視導員。1944 年 12 月 25 日進入台灣行政幹部訓

練班教育組及研究班受訓，於是光復後來台擔任台灣行政長官公署教育處第二科科長，負責中學教育與職業教育之接收工作。其後，曾任省立嘉義中學校長、台灣省教育廳專門委員、省立台中高級農業職業學校校長等職。[1]

　　透過唐秉玄的受訓《日記簿》所記載之史實，不但可揭開台灣行政幹部訓練班的神秘面紗，同時亦可從中發現台灣行政幹部訓練班一些鮮為人知的癥結與問題。另一方面，亦彌補了檔案文獻的闕漏，更開啟了新的研究蹊徑。

壹、前言

　　在中日戰爭即將結束之前，台灣行政幹部訓練班的成立與開訓，蘊含著重大且深遠的意義。1944 年 12 月 24 日，隸屬於中央訓練團的台灣行政幹部訓練班在重慶復興關正式成立，次日隨即正式開班授課。[2] 它不僅

1　《教育處人員任免》（一），行政長官公署檔，光碟號：212 卷號：1343（1945 年 11 月 29 日），頁 25，國史館台灣文獻館藏；台灣省行政長官公署人事室編，《台灣省各機關職員錄》（台北：編者印行，1946），頁 281；台灣省政府人事室編，《台灣省各機關職員通訊錄》（台北：編者印行，1949），頁 58；唐秉玄，《教育生涯五十年：秉玄八十自述》（出版地不詳：作者自印，1987），頁 159 - 164。

2　台灣行政幹部訓練班正式設班運作的日期，應是 1944 年 10 月 16 日。當日，陳儀與周一鶚分別被任命為該班的正、副主任，隨即展開人事及開班相關作業。同年 12 月 24 日，則正式開班，並於次日開始上課。見蔡相煇，〈中央訓練團台灣行政幹部訓練班初探〉，《國父建黨革命一百週年學術討論集》，第四冊（台北：近代中國出版社，1995），頁 232；〈團聞〉，《復興關》，第 236 期（1944），頁 1968；《唐秉玄台幹班日記》，1944 年 12 月 25 日。

將國民政府與中國國民黨收復台灣的諸多意念與期盼，
落實到實際的行動中，同時也正式啟動了戰後接管台灣
的預備機制。[3] 這個深具中國國民黨色彩的接管人員訓
練機構，除了肩負國民黨所賦予成功接收台灣與將台灣
「祖國化」的重責大任外，更是中國內地諸多復台運動
中台籍抗日志士殷切期盼的「王師」。台灣行政幹部訓
練班的成敗與否，實關係著戰後台灣的命運與前途。

　　然而，這個備受各方矚目的團隊，不但難以達成國
民政府的寄託，使光復不久的台灣社會順利回歸祖國，
而且因為接管工作最後變成「劫收」，台灣一時處在
「無法無天」的統治狀態，[4] 祖國化的目標自然無法完
成，甚至進一步催化了「二二八」悲劇的發生。[5] 這樣

3　陳儀在給台灣行政幹部訓練班成員的一篇文章中提到：「自甲午
　　後，我們對於敵國日本，始終是處於劣勢方面。邴但收復台灣，
　　我們從未提起，對於台灣同胞的歸復運動，我們亦未嘗予以積極
　　的鼓勵。……到開羅會議公報中明白指出：『……台灣、澎湖群
　　島等，歸還中華民國』，收復台灣，遂成為我們抗戰的必要結果，
　　而非一種空想了。在就整個太平洋戰局看……日寇崩潰……則實
　　毫無可疑。故台灣的收復，也將成為必然的事實，這是可以斷定
　　的。我們展望台灣的前途，實具有無限的興奮期望。……我們既
　　展望台灣的前途，就不能不預想到台灣收復後，究應如何治理，
　　才能使台灣同胞獲得真正的解放與幸福。」見陳儀，〈台灣前途
　　的展望〉，《復興關》，第 244 期（1945），頁 2093。

4　錢宗起在〈我所知道的陳儀〉一文中，對戰後「劫收」百態有
　　十分露骨的描述。轉引自戴國煇、葉芸芸合著，《愛憎二‧
　　二八──神話與史化：解開歷史之謎》（台北：遠流出版公
　　司，1997），頁 155-167。史堅在〈台灣的災難〉一文中提到：
　　「一八九五年日本的『接收』，台灣人所得到的是殖民地的『法
　　治』，可是一九四五年中國的『接收』，台灣人卻又得到『無法
　　無天』的統治」。轉引自李筱峰，〈二二八事件前的文化衝突〉，
　　《思與言》，第 29 卷第 4 期（1991），頁 203。

5　二二八事件前夕，《民報》曾出現一篇諷刺性的社論，反映出對
　　祖國化的爭議及其失敗之結果：「自祖國來的大人先生們，不知
　　道指什麼為奴化，現在我們已經了解：奉公守法，即是奴化：置

的結果，頗令當時的執政團隊與國民政府失望。但若回顧台灣行政幹部訓練班成立之初的各種條件，可說是一開始就先天不良及設計不周，加上接管之後諸多失調的施政措施，終於導致整個執政團隊的失敗，此種說法實不為過。尤其當初設立台灣行政幹部訓練班的構想，原本就是想要藉此達到接管台灣的目的，兩者之間存在密不可分的因果關聯。

在過去，針對接管台灣的失敗因素，已有諸多先進從政治、經濟、文化等方面加以深究檢討，成果頗為豐碩；惟獨對於身為接管主軸的台灣行政幹部訓練班，似乎欠缺更深入之專研。[6]究其原因，固然是接管工程浩繁，其間所介入的黨政關係十分複雜，台灣行政幹部訓練班原始檔案紀錄的至今付諸闕如、受訓學員回憶錄缺乏，及口述歷史的隱晦不明才是主因。[7]

禮義廉恥於度外，才能夠在『祖國化』的社會裡生存。」《民報》，社論，1947年2月19日。

6　國內早期唯一曾介紹台灣行政幹部訓練班的文章，是蔡相煇先生的〈中央訓練團台灣行政幹部訓練班初探〉。該文除了對台灣行政幹部訓練班的成立、學員選訓、課程之安排、學員之任用等方面皆有初步探究，並肯定該訓練班對戰後台灣的接收及各項行政的順利運作皆有其正面貢獻；惟因受限於官方資料尚未公布，僅能做初探性質之介紹。而筆者利用新發現的唐秉玄受訓《日記簿》、《復興關》及《中央訓練團團刊》等資料，著有〈播下失敗的種子：試論台灣行政幹部訓練班的成立及其困境〉一文，一方面針對上述台灣行政幹部訓練班學員選訓、課程之安排、學員之任用等方面所衍生之問題做進一步探究，一方面嘗試對前文闕漏與錯誤之處，加以補正，並以不同角度來詮釋台灣行政幹部訓練班的定位。全文見賴澤涵、朱德蘭主編，《歷史視野中的兩岸關係（1895-1945）》（台北：海峽學術出版社，2005），頁 207-247。

7　台灣行政幹部訓練班學員目前為止有回憶錄或口述歷史者分別是：唐秉玄，《教育生涯五十年：秉玄八十自述》；遲景德、歐素瑛訪問，《薛人仰先生訪談錄》（台北：國史館，1996）；許雪姬訪問，《柯台山先生訪問紀錄》（台北：中央研究院近代史

　　在一個偶遇的機緣下，筆者有幸能閱覽到當時受訓學員唐秉玄的受訓《日記簿》。[8]透過唐秉玄此一彌足珍貴的日記史料，筆者察覺台灣行政幹部訓練班一些鮮為人知的癥結與問題，而這些癥結與問題不僅直接關係台灣行政幹部訓練班的訓練成效，更間接影響日後畢業學員對台接管政策的制定及其工作績效。基於此，本文試圖從台灣行政幹部訓練班的人員訓練與制度設計不當的角度出發，以唐秉玄日記所披露的重要史實為主，輔以近年來與台灣接管相關之研究成果，試圖重建台灣行政幹部訓練班的成立始末，並深入探討其培訓計畫及其衍生的諸多問題，期能提出台灣接管失敗的另一種解釋。本文因中國南京第二檔案館及台灣教育部[9]等處所

<hr />

　　研究所，1997）。不過該三本書對於台灣行政幹部訓練班的回顧不是一筆帶過就是交代不甚詳細，似乎有難言之隱。因此，此三書對於台灣行政幹部訓練班史實的釐清，助益不大。究其原因，有可能是記憶不起。而筆者推論應是台灣行政幹部訓練班的訓練過程中，出現了學員遲訓、課程之安排、學員之任用等方面所衍生之問題，進而影響了訓練之成效，故三位學員都草草帶過，甚至是隱匿不談。這可由唐秉玄《日記簿》中得到證明。

8　唐秉玄在台灣行政幹部訓練班的受訓《日記簿》共三冊，時間從1944年12月至1945年8月。《日記簿》（一）（重慶，1944年12月25日-1945年2月2日）；《日記簿》（二）（重慶，1945年2月3日-1945年3月29日）；《日記簿》（三）（重慶，1945年3月30日-1945年8月16日）。該日記以大事紀方式寫作，前二冊幾乎是按日記載，第三冊則因戰事緊張及台灣行政幹部訓練班研究班生活鬆散之關係，只做重點記載。日記內容主要是記錄受訓時的訓練生活、感想及其個人的人際活動。截至目前為止，該日記可說是官方資料尚未全面公布前，研究台灣行政幹部訓練班最為珍貴的史料之一。

9　教育部從大陸撤遷來台之際，一併將所掌管的重要檔案資料搬運來台。這批檔案資料橫跨了滿清時代、北京政府及國民政府三個時代。較為珍貴之史料諸如滿清時代國外留學生檔案、民國元年北大檔案、新生活運動、抗戰時期檔案、蔣中正手諭等。這一批資料目前全部存放在木柵檔案庫中，教育部已計畫將其整理出來

典藏的相關史料迄今遲遲未能公布，僅能就台灣各蒐藏
與研究單位所有之新舊史料加以研析，闕漏與不足之處
在所難免，敬祈學術先進與同好不吝斧正。

貳、唐秉玄《日記簿》所見台灣行政幹部訓練班的學員、課程與師資問題

　　史學界早先對於有關台灣行政幹部訓練班的研究，
或因受限於資料，所發表之研究成果可說是屈指可數。
除了筆者於2005年所發表的〈播下失敗的種子：試論
台灣行政幹部訓練班的成立及其困境〉一文外，就只有
蔡相煇先生的〈中央訓練團台灣行政幹部訓練班初探〉
一文。而蔡相煇文研討的內容以台灣行政幹部訓練班的
籌設過程、學員之甄選、課程之安排與學員之任用為
主，對於實際的受訓過程以及訓練中所衍生的問題並無
多所著墨。透過對唐秉玄的受訓《日記簿》的詮析，除
了會讓我們更深入了解台灣行政幹部訓練班之外，也會
讓我們有不同於前的新見解。本節將先探討師資與課程
所出現的問題，至於學員紀律、學員黨團活動、台灣行
政幹部訓練班研究部的問題，就留待下一節來探討。

一、台灣行政幹部訓練班的人員選訓、師資與課程規劃

　　訓練成效的好壞，取決於學員的素質品德、師資及

妥善保存，並開放社會大眾研究使用。韓國棟，〈教部木柵珍貴
檔案即將開封〉，《中國時報》，2003年12月26日。

課程之設計。台灣行政幹部訓練班的學員，是陳儀等人精挑細選而來。[10] 就素質上來說，可說是中日戰爭大環境下的一時之選。例如，就平均年齡來看，這120名學員，平均是33.4歲，年齡最高者46歲（2人），最低者26歲（1人）。若再細分，30至35歲年齡層者人數最多，有49人；26至30歲年齡層者，有38人；36至40歲年齡層者，有21人；41至45歲年齡層者，有10人；最少的則是46至50歲年齡層者，只有2人。[11] 由上可見，大多數學員正值青壯年，40歲以下者多達90%，超過45歲上限的2名學員，也僅超齡1歲而已，顯示該班學員年輕化的傾向。

　　至於學員的學歷方面，則如下表所示：

10 依〈中央訓練團台灣行政幹部訓練班學員招選辦法〉及〈各機關選送台灣行政幹部訓練班學員注意辦法〉兩項辦法規定，只有公、教、黨務機關才有依主管業務性質推薦人選之權，而且必須是有意願並具有高考及格或曾任薦任職務或專科以上畢業的公、教、黨務機關人員，才有被選送之資格。獲得機關推選之後，還要經過資格審查與考試合格之後，才得以入班受訓。如此嚴格的資格限制，相對於當時中國國家狀況而言，可說是高門檻標準。陳儀於1944年10月25日在台灣調查委員會內，成立了台灣行政幹訓練班學員資格審查委員會，負責送訓學員的資格審查。所聘委員幾乎都是中央訓練團與台灣調查委員會的幹部。其中審查委員有趙普炬、洪孟博、吳光韶、周一鶚、錢宗起，由趙普炬擔任召集人，錢宗起為常務委員。至於審查標準，因資料所限，無從得知。通過審查資格的學員還要經過筆試與口試，及格者才能進入台灣行政幹部訓練班。結果，各部會共推薦了158名人選，經資格審核與考試後錄取120名。〈一年來本團大事紀要〉，《復興關》，第245期（1945），頁2120。

11 〈中央訓練團台灣幹部訓練班獨立中隊學員報到人數簡單統表〉，《復興關》，第242期（1945），頁2171-2172。

表一　台灣行政幹部訓練班學員學經歷統計表

項別	高考及格	國外留學	國內大學	專科	中央警官學校	中央軍官學校	其他
人數	91	18	78	11	2	1	3

資料來源：〈中央訓練團台灣幹部訓練班獨立中隊學員報到人數簡單統表〉，《復興關》，第 242 期（1945），頁 2171。

　　就學經歷來看，台灣行政幹部訓練班 120 名學員中，高考及格者有 91 人，其比率高達 75%，有國內外大學與專科學歷者亦有 107 人，其比率亦高達 89%。[12] 換句話說，大專以上畢業且高考及格者，其比率是相當高的。由此可見高學經歷是台灣行政幹部訓練班的特色之一，顯示陳儀與甄選委員會在甄選學員的過程中，學經歷是相當重要的考量標準之一。

　　當 120 名的學員進入台灣行政幹部訓練班之後，依規定分成六小組施以訓練，其分組情形如下：

表二　台灣行政幹部訓練班分組概況表

組別	民政	財政金融	教育	工商交通	農林漁牧	司法
人數	41	16	13	19	18	13
導師	周一鶚	張延哲	趙迺傳	包可永	趙連芳	楊鵬

資料來源：
1. 〈中央訓練團台灣幹部訓練班獨立中隊學員報到人數簡單統表〉，頁 2171。
2. 遲景德、歐素瑛訪問，《薛人仰先生訪談錄》（台北：國史館，1996），頁 26-27。

---

12 〈中央訓練團台灣幹部訓練班獨立中隊學員報到人數簡單統表〉，頁 2171。

　　為了規劃與籌備這六組的課程、師資與講義，陳儀可說是煞費苦心。開班的辦法由蔣介石於 1944 年 9 月 17 日正式核定，隨即將辦班全權交給陳儀統籌辦理。陳儀在接奉命令之後，著令台灣調查委員會展開課程的規劃事宜，實際負責此一重責大任的則是黃朝琴。[13] 黃朝琴於 9 月 27 日提出〈對台灣幹部訓練班之意見〉一文供陳儀參酌，不過此一意見並未被全盤採納，與日後實際的授課內容有所差距。近年有些研究學者因台灣行政幹部訓練班資料不易取得，就將黃朝琴所建議的共同講授科目與分組講授科目，視為台灣行政幹部訓練班的課程內容，這種作法實欠妥當。陳儀固然採納了黃朝琴所提部分課程的建議，但也否定他的一些意見。[14] 例如在分組問題上，黃朝琴建議分成四組訓練並取消教育組設計，陳儀顯然另有看法，並沒有接受。茲將黃朝琴所草擬建議之規劃課程臚列於下，以方便與實際課程相比較：

---

13 根據黃朝琴的回憶指出，他獲陳儀賞識之因係在中央訓練團高級班受訓時，曾寫過一篇〈台灣收復後之工作設計〉論文，因該文籌畫周詳而獲陳儀賞識，並聘為台灣調查委員會委員，得以與聞台灣的接收工作。黃朝琴，《朝琴回憶錄之台灣政商耆宿》（台北：龍文出版社，2001），頁 132-133。

14 經與實際課程比對之後，發覺黃朝琴所提之共同講授科目中的黨史黨義、台灣歷史、台灣地理、日語日文的部分，是被採行的。其餘分組講授的專業科目，則因缺乏資料而無法比對。張瑞成編，《光復台灣之籌劃與受降接收》（台北：中國國民黨黨史會，1990），頁 79-82。

表三　黃朝琴〈對台灣幹部訓練班之意見〉建議課程表

類別	科目	內容
共同講授科目	黨史黨義	
	台灣歷史	1. 鄭成功開闢台灣至遜清割讓台灣予日本；2. 日本統治台灣及台人反日運動
	台灣地理	1. 位置與面積；2. 地形；3. 河流；4. 湖泊；5. 海岸；6. 氣候；7. 居民；8. 民情風俗；9. 物產；10. 畜產；11. 交通；12. 城市
	台灣行政組織	1. 台灣總督府；2. 台灣州制；3. 台灣市制；4. 台灣街庄制
	台灣教育制度	1. 概論；2. 初等教育；3. 中等教育；4. 專門教育；5. 結論
	日語日文	1. 會話；2. 文法；3. 日文公文；4. 日文漢翻（入班考試日文成績在 80 分以上者得免讀日文）
分組講授（民政組）	中國外交政策 日本外交政策 國際關係 國際公法 中國新縣制 中國役政問題	
	台灣法令概論	1. 關於日本法令得在台灣施行之法律；2. 日本行政諸法台灣施行令；3. 關於日本法律施行於台灣特律
	台灣警察制度	1. 台灣違警法；2. 匪徒刑罰令；3. 犯罪即決例；4. 台灣阿片法；5. 台灣保甲條例
分組講授（財政組）	台灣財務行政	1. 特別會計；2. 租稅制；3. 幣制；4. 銀行；5. 低利貸金；6. 信用組合（合作社）
	台灣專賣事業	1. 阿片；2. 食鹽；3. 樟腦；4. 菸草；5. 酒
	台灣貿易	1. 對華貿易；2. 對日貿易；3. 對外貿易
	台灣糖業	1. 台灣糖業之線況；2. 台灣糖業之將來；3. 台灣砂糖農業；4. 台灣砂糖工業
	日本郵政	1. 郵件；2. 匯兌（為替）；3. 儲金撥匯（振替儲金）；4. 電信；5. 電話
分組講授（建設組）	台灣工礦事業	1. 一般工業；2. 特種工業；3. 一般礦業；4. 特種礦業；5. 中央研究所主管工作

類別	科目	內容
分組講授（建設組）	台灣交通事業	1.官有鐵道；2.私有鐵道；3.海運；4.航空
	電氣事業	1.台灣電力公司；2.其他電燈公司；3.天然氣事業
	台灣農林水產	1.農業；2.林業；3.水產業；4.中央研究所主管工作
	公用事業	1.自來水；2.水利（公用埤圳、嘉南大圳）；3.築港
分組講授（司法組）	中日民法比較學	包括台人親屬編及繼承編
	中日刑法比較學	
	中日民法特別法	1.公司法；2.票據法；3.海商法；4.保險法等
	中日訴訟法比較學	包括台灣法院組織
	國際私法	

資料來源：張瑞成編，《光復台灣之籌劃與受降接收》（台北：中國國民黨黨史會，1990），頁79-81。

　　至於實際的課程，若根據薛人仰所提出的說法，大致是將台灣行政幹部訓練班的課程分成兩大類：一般課程與專業課程。前三週講授一般課程，自第四週起上專業研究。[15]一般課程是邀請專家講述，集中於第一階段內完成，由於講述內容與原計畫差異甚大，故改由政府各部會首長介紹國內相關法規；第二階段則偏重個人興趣專長的分組訓練。三個月分組訓練之後，再將學員六或七人分為一組，由學員研究相關法令、統計並作成報告。[16]此與黃朝琴的建議案相類似，可是如此分類法，將失之於簡，根本無法釐清課程的設計目的及利弊得失。實際上，如欲一窺台灣行政幹部訓練班課程的全貌，則應檢視復興關中央訓練團黨政訓練班的課程架

15 《唐秉玄台幹班日記》，1945年1月4日。另根據薛人仰的說法，一般課程的時間是一個月，後三個月則是專業課程。
16 遲景德、歐素瑛訪問，《薛人仰先生訪談錄》，頁27。

構，因為復興關中央訓練團是台灣行政幹部訓練班的代訓機關，而黨政訓練班又是復興關中央訓練團的工作中心，故其他各班莫不以黨政班的課程作為基準。[17]

依據《復興關訓練集：訓練紀實》一書的分類，黨政班課程共可分成分為五大類：精神訓話、黨政課程、軍事課程、專業課程、業務演習。[18] 其中僅有業務演習一項，並未出現在唐秉玄的《日記簿》紀錄中，可能是沒有排入正式的課程中。除了上述科目以外，筆者認為訓育工作中的黨團活動、演講競賽、座談會、小組討論會、升降旗活動、參訪活動都應包含在訓練課程之內，才能完整地呈現課程的全貌。若整體課程是如此，則台灣行政幹部訓練班的實際課程大體上應分為精神訓話、黨政課程、專業課程、軍事課程（體格訓練）與訓育課程等五大類。下列表四即筆者彙整唐秉玄《日記簿》及相關資料所得，依分類原則而表列如下：

---

17 中央訓練團於抗戰時期的中心工作是辦理黨政訓練班，前後共辦了 31 期，總計訓練學員 22,970 人之多。〈本團訓練工作之回顧與展望〉，《中央訓練團團刊》，復刊第 1 期合刊（1946），頁 6；中央訓練團復興關訓練集編纂委員會編，《復興關訓練集：訓練紀實（上）》（重慶：編者印行，1944），第一篇總述，頁 61。一般史料，卷號：547-14，中國國民黨黨史館藏。

18 此五大類課程中，精神訓話、黨政課程、軍事課程屬於共同講授之課程；專業課程、業務演習則屬分組講授課程。中央訓練團復興關訓練集編纂委員會編，《復興關訓練集：訓練紀實（上）》，第一篇總述，頁 62-64。

表四　中央訓練團台灣行政幹部訓練班教育組實際訓練課程表

類別	內容	主講人
精神訓話 （共同講授課程）	開學典禮中以「組織」及「團結」訓勉台幹班學員。	蔣介石
	多半在總理紀念週會上由教育長陳儀訓示，訓示重點則以新生活運動的綱要與三民主義力行哲學為主。如新、行、信、恆、節約、篤信主義、責任心、研究科學等。	陳儀 周一鶚
特約演講 （共同講授課程）	1. 戰爭原理與其進化	徐培根
	2. 財政問題	魯佩璋
	3. 當前教育改進問題	李蒸
	4. 提高行政效率問題	楊禔庵
	5. 衛生行政問題	陳方之
	6. 旅歐數年之感想	顧維鈞
	7. 新兵器之使用	俞大維
黨政課程 （共同講授課程）	1. 三民主義	邵力子
	2. 黨義研究會	邵力子 陳立夫 葉秀峯 余井塘
	3. 台灣地理	李旭旦
	4. 日本統治台灣之經過	陳儀 郭彝民 謝南光 （原定王芃生授課）
	5. 台灣歷史	郭廷以
	6. 青年團規章研究	
	7. 國民黨規章	余井塘
	8. 黨政軍提高行政效能及行政三聯制總檢討會議	蔣介石
	9. 台灣黨務推行之計畫	王泉笙
專門課程與專門業務之研究 （專業課程） （分組講授課程）	1. 語文：日語或英語	
	2. 中學教育之目的	趙迺傳
	3. 中學教育討論會	趙迺傳
	4. 教育行政	朱經農
	5. 學校行政	朱經農
	6. 教育行政討論會	朱經農
	7. 國民教育討論會	
	8. 教育法令研究會	
	9. 社會教育	陳劍翛
	10. 高等教育	范壽康
	11. 職業教育	鍾道贊

類別	內容	主講人
專門課程與專門業務之研究（專業課程）（分組講授課程）	12. 公民教育	
	13. 接管台灣教育前準備工作討論會	
	14. 師範教育	林本
	15. 高等教育討論會	范壽康
	16. 歷史教學	鄭鶴聲
	17. 台灣教育師資討論會	陳儀 林本 趙迺傳
	18. 國語教學	魏建功 王玉川
	19. 公民教育討論會	陳劍脩
	20. 歷史教學討論會	鄭鶴聲 陳訓慈
	21. 全班討論會	教育組
體育（軍事課程）（共同講授課程）	1. 復興操（每日升旗後做十分鐘）	
	2. 球類比賽	
	3. 游泳	
黨團活動（訓育課程）（分組講授課程）	1. 區分部黨員大會	邵力子
	2. 青年團分隊會議	
	3. 青年團區團部座談會	謝南光
	4. 黨員聯誼會	葉桐 周一鶚
	5. 區分部小組討論會	
	6. 黨務檢討會	任穎輝
座談會（訓育課程）	1. 自我介紹	
	2. 中共問題	劉任俠
升降旗演講（訓育課程）（共同講授課程）	1. 國父紀念週（每星期日上午舉行）	陳儀
	2. 開學典禮（延至 1945 年 2 月 1 日）	蔣介石
	3. 環境與情操之關係	陳劍脩
	4. 如何建設新台灣	連震東（該班學員）
	5. 收復台灣後之第一件大事	薛人仰（該班學員）
	6. 平等與自由	于右任
	7. 國民精神總動員六週年紀念會	蔣介石
	8. 關稅制度之演進	張申福（該班學員）
	9. 接管台灣工業之計畫	陳壽民（該班學員）
	10. 革命先烈紀念日大會	陳儀
	11. 如何準備收復失地	馮玉祥

類別	內容	主講人
勞動服務（軍事課程）	修建中台路	周一鶚 何英
參觀活動（訓育課程）	1. 兵工署第一廠（武器生產） 2. 東南幹訓團（火箭砲演習）	
晚會（訓育課程）	新生活晚會（戲劇、電影欣賞或康樂活動）	國立戲劇學校 中央廣播電台 軍政部軍樂團 軍樂學校
武器訓練		

資料來源：

1. 《唐秉玄台幹班日記》。
2. 中央訓練團復興關訓練集編纂委員會編，《復興關訓練集：訓練紀實（上）》。
3. 唐秉玄，《教育生涯五十年：秉玄八十自述》，頁54。

二、台灣行政幹部訓練班的師資與課程規劃之問題

　　課程如此的設計與安排，看來是面面俱到，非常充實，理應收到不錯之訓練成效，但實則僅有軍事課程與訓育課程中的黨團務活動稍具成效，其餘如精神講話、黨政課程及專業課程等重要課程卻不盡理想。何以會產生如此結果，以下將針對各類課程作進一步的分析：

1. 精神講話

　　首先，將精神講話列入正式課程，目的在突顯軍事化訓練的本質以及精神教育的強化。在戰時，物質條件十分缺乏，該項課程的施行具有特殊意義，因此如何強化黨政幹部的精神力量以克服艱困的物質環境，乃是中日戰爭成敗的重要關鍵。在中央訓練團強調「自覺、自

動、自治」的管理方針下，精神講話就更形重要。[19] 黨政訓練班與精神講話的實施時間，大多是在總理紀念週、開學典禮或特殊的紀念日中舉行，程序是先由高級長官將訓示全文恭讀一遍，再由團長蔣介石選擇篇內要點，作愷切而詳細的說明。內容則以總理遺教、新生活運動綱領或做人做事之基本原理為主。[20] 台灣行政幹部訓練班在精神訓話的實施，大體與黨政訓練班雷同，訓示內容也與黨政訓練班差不多，以新生活運動的綱要與三民主義力行哲學為主，強調新、行、信、恆、節約、紀律、團結、篤信主義、責任心、研究科學等要求。唯一不同的是，主要主講人換成班主任陳儀與班副主任周一鶚，蔣介石不再是主要的主講人。這種安排，實已透露蔣介石對該訓練班的重視度不如黨政訓練班。

　　況且，這種流於形式且教條式的精神講話，在物質缺乏的那個年代，其成效往往不佳。因為道理人人會講，可是當面臨生活困窘及壓力時，有多少人可用精神力量克服艱困的物質環境？令人不禁要打上一個大問

---

19 「自覺、自動、自治」的三自政策是中央訓練團黨政訓練班的管理方針，所謂三自即指紀律自覺、學習自動及管理自治。雖說採取三自管理方針，但仍實施嚴格的軍事管理。但因學員素質的不同而實施方式有所不同。黨政高級訓練班之學員因多係各方面中高級幹部，故其與中央訓練團其他班別的管理模式亦不同。最大的差異點，則在於黨政高級班不設訓育幹事及其他專職訓育人員，而有各類討論會及讀書小組，定期活動。台灣行政幹部訓練班開辦後亦採用黨政高級訓練班的管理模式，不過仍設有訓育人員。〈中央訓練團巡禮〉（續），《中央訓練團團刊》，第 109 期合刊（1942），頁 868；沈建中整理，沈清塵遺稿，〈回憶抗戰期間的復興關訓練〉，《檔案史料與研究》，1997年第 1 期，頁 80。
20 中央訓練團復興關訓練集編纂委員會編，《復興關訓練集：訓練紀實（上）》，第二篇訓練實施，頁 6。

號？故日記中記載了不少學員不假外出、逾假未歸、熱水洗臉、隊伍不整散亂的違法犯紀之脫序行為。例如：

> 請假未經核准即行離團，以及假期已滿尚未回團之同學六人，違背紀律。中隊部奉教育長命令，予以禁足兩週，並佈告週知。所謂高度自治精神，從此破產矣。

> 今晨在洗面室發現同學二名，仍取熱水洗面，置團體紀律於不顧，殊堪痛心。

> 晚六時，整隊到抗建堂觀清宮外史話劇，佈景優美，劇情緊張，頗引人入勝，惟會場秩序欠佳，少數同學未能遵照班本部之指示，回團時隊形尤不整齊，殊為遺憾。[21]

這些與訓話內容背道而馳的行徑，在在顯示了精神訓話的教條化與學員對規定之陽奉陰違。該訓練班的紀律可見一斑，精神訓話之成效亦頗令人質疑。

2. 黨政課程

黨政課程可說是台灣行政幹部訓練班的重點課程之一。在 1944 年 12 月 24 日開班日當天的總理紀念週會上，陳儀就開宗明義的要求學員要「加強研究黨義」。[22] 而開學的第一堂課是由邵力子主講的「三民主義」開場，高層對黨政課程的重視由此可見。教授黨政課程的目的，可歸納為：

---

21 《唐秉玄台幹班日記》，1945 年 2 月 7 日、1 月 21 日、2 月 3 日。
22 〈團聞〉，《復興關》，第 242 期（1945），頁 2072。

1. 使受訓人員於最短期間，對本黨歷史教訓與一貫精神能更透徹的認識與了解。對於本黨團務之現狀與宣傳組織及領導民眾之方法，能得更正確之認識與指示。

2. 使各級幹部對抗戰建國工作有綜合之認識，然後才能協力推動，提高效率。[23]

換言之，由於黨政課程的目的在於訓練學員成為忠黨愛國且肩負抗戰建國任務的官員同志，故課程內容的設計分成黨與政府兩部份來開設。在國民黨研究方面，主題計有三民主義、國民黨黨規章、黨義研究、台灣黨務等多種；政府研究課程方面，則以政府的抗戰建國工作及台灣史地為授課主軸。黨義研究課程採取事先排入課程表方式，按表定時上課。政府研究課程，則採特約演講的方式，臨時決定邀請黨國先進或學術專家自行擇題演講，以補正課之不足。[24]

至於黨政課程的成效，頗令人質疑。幾乎所有學員都來自中央各部會、黨務機關及學校，他們能到來此訓練班受訓，如非黨員即團員，[25] 且大多數已在各服務單位工作一段時間，都站在支持黨與政府的抗戰建國立場上，對抗戰與黨務工作具有一定之認識，還要面對這些

---

23 中央訓練團復興關訓練集編纂委員會編，《復興關訓練集：訓練紀實（上）》，第二篇訓練實施，頁 14-15。

24 中央訓練團復興關訓練集編纂委員會編，《復興關訓練集：訓練紀實（上）》，第二篇訓練實施，頁 8-9。

25 台灣行政幹部訓練班學員中具有黨員身分者 92人，有團員身分者 21人，黨政班畢業者 20人。〈中央訓練團台灣幹部訓練班獨立中隊學員報到人數簡單統表〉，頁 2171。

課程，似乎多此一舉。況且這些課程除了台灣史地課程外，多半與台灣接收工作無太大關聯性，因此成效令人十分質疑。至於原定一個月的一般課程提前一週結束，也似因黨政課程成效不顯之故。

3. 專業課程與師資問題

專業課程方面，即是訓練的主體，因此安排了三個多月的課程。這些專業課程大致分為語言課程及領域課程二部份。由於各組主題性質不同，領域課程自會不同。以下僅就教育組的課程為例，討論台灣行政幹部訓練班課程上的諸多問題。

就台灣行政幹部訓練班教育組的專業課程而言，語言課程開設了英語及日語兩種；專業領域課程方面則有國民教育、中學教育、職業教育、高等教育、師範教育、社會教育、公民教育、國語教學、歷史教學、教育行政、學校行政、教育法令及相關討論會等課程。師資方面，計邀請陳儀、趙迺傳、趙述庭、朱經農、陳劍翛、謝南光、范壽康、鍾道贊、林本、鄭鶴聲、魏建功、王玉川、陳訓慈等人授課。同時，為了學生分組研究之方便，又專聘多位專家學者擔任指導老師，計有教育行政的朱經農、高等教育的范壽康、中學教育的趙迺傳、職業教育的鍾道贊、師範教育的林本、國民教育的顧樹森、社會教育的陳劍翛。至於全部指導研究工作，則由趙迺傳總其成。[26]

---

26 唐秉玄，〈從台灣教育接收追憶趙迺傳先生〉，《傳記文學》，

　　為了替台灣行政幹部訓練班聘請最好的師資，陳儀
可說費盡心力。首先，他命黃朝琴前往中央政治學校為
台灣行政幹部訓練班物色師資，同時蒐集與台灣相關之
圖書資料。可是中央政校內不但所藏的台灣資料甚少，
教授之中對台灣議題有專門研究者更少。面對資料缺乏
與師資不易聘得的難題，黃朝琴遂建議陳儀先決定課程
並搜羅參考資料以自編教材，此後再向各大學接洽，選
擇最適當的人選來授課。同時，黃朝琴也向各大學、中
央銀行經濟研究所、調查統計局、國際問題研究所、
外交部、福建省政府、台灣義勇隊等單位徵調圖書資
料。[27] 最後，圖書資料的供給與編印教材等責任，還是
落在台灣調查委員會身上。就在台灣行政幹部訓練班開
訓的前八天，即 12 月 17 日，台灣調查委員會才將所編
之刊物全部送交台灣行政幹部訓練班印行，以提供學員
參考使用。[28] 由此可見，台灣行政幹部訓練班在師資與
圖書資料十分困窘。此一窘境連帶影響的是整個教學的
計畫與教學品質，無怪乎在日後訓練的過程中經常發生
講授內容與原計畫不同的情形。[29] 同時，也曾出現老師
請假與課程不斷調動之狀況，在唐秉玄的受訓日記簿
中，就有多達八次的記錄。[30] 師資聘請及圖書資料雖有
上述之瑕疵，不過，陳儀的用心是無庸置疑的。以下的

　　第 7 卷第 5 期（1965），頁 50。

27 張瑞成編，《光復台灣之籌劃與受降接收》，頁 82-83。

28 陳鳴鐘、陳興唐合編，《台灣光復和光復後五年省情》（上），
　（南京：南京出版社，1989），頁 9。

29 遲景德、歐素瑛訪問，《薛人仰先生訪談錄》，頁 27。

30 《唐秉玄台幹班日記》。

表五，將呈現教育組專業課程師資的學經歷著作：

表五　中央訓練團台灣行政幹部訓練班教育組專業課程師資表

姓名	學經歷	著作	授課科目
陳儀	曾在錢莊當學徒，後棄商從學，赴日本留學，獲日本士官學校學位。辛亥革命後被任命為軍務部部長兼陸軍小學校長、都督府軍政司司長。1917 年奉派赴日，入日本陸軍大學進修，畢業後返國。歷任孫傳芳部浙江第 1 師師長、浙江省省長、國民革命軍第 19 軍軍長。1928 年赴歐考察，返國後任兵工署署長、軍政部常務次長、軍政部政務次長。閩變後出任福建省主席兼福州綏靖公署主任。1941 年福州陷於日軍之手，調任重慶國民政府行政院秘書長兼國家總動員會議主任。1944 年任中央設計局委員並主持「台灣調查委員會」，7 月 30 日接替王東原擔任中央訓練團教育長，台灣行政幹部訓練班開辦時則兼任該班班主任。戰後，奉派出任台灣行政長官公署行政長官。1947 年因二二八事件而調任國民政府顧問，後出任浙江省主席。1950 年因勸湯恩伯投共案遭處死於台灣。		台灣教育師資討論會
朱經農	1904 赴日留學，入巢鴨弘文學院。1905 年加入中國同盟會。是年冬，因反對取締規則返滬，與留日同學共同創立中國公學，該學校因而成為革命黨員匯聚藏身處所。1916 年赴美國華盛頓大學深造。1921 年返國後歷任北京大學教育系教授、上海商務印書館編輯、上海市教育局局長、齊魯大學校長、湖南省府委員兼教育廳長、教育部政務次長等職。戰後歷任商務印書館總經理、駐聯合國文教會議首席代表等職。台灣行政幹部訓練班開辦時任教育部政務次長。	譯有《教育大辭書》、《現代教育思潮》、《明日之學校》、《教育思想》等書	教育行政、學校行政、教育行政討論會

姓名	學經歷	著作	授課科目
趙迺傳	是位學經歷俱優的學者，畢業於北京師範大學，1920 年獲保送至哥倫比亞大學師範學院深造，受業於名教育家杜威（John Dewey）及克伯區（William Heard Kilpatrick）門下。回國後曾擔任教育部科長及參事、立法委員、中央大學、中央政校及西南聯大等校講席。	著有《中學教育原理》、《師範教育原理》、《教育法令》等書	中學教育之目的、中學教育討論會、台灣教育師資討論會
陳劍翛	北京大學畢業後赴英倫敦大學留學。返國後歷任北京大學教授、南京市教育局局長、教育部蒙藏教育司司長、教育部社會司司長、江西省政府委員兼教育廳長、中央政治學校教授、中央訓練團教育委員會副主任委員、廣西大學校長、國民大會代表等職。		社會教育、公民教育討論會
范壽康	1913 年日本東京帝國大學碩士畢業。返國後歷任中山大學教授兼秘書長、安徽大學文學院院長、軍事委員會政治部第七處處長、行政院參議、台灣行政長官公署教育處處長、國立台灣大學教授兼圖書館館長等職。	著有《哲學及其根本問題》、《中國哲學史綱要》、《教育哲學大綱》、《美學概論》等書	高等教育、高等教育討論會
林本	1917 年首度赴日留學，旋因抗議北京政府與日本簽訂軍事協定憤而返國，1919 再度前往日本東京高等師範學院求學，專攻教育。1929 年三度前往日本求學，考入東京文理科大學，專攻教育學與心理學。1931 畢業後歸國，歷任教育部首任督學、安徽大學教授、中央大學教育系教授兼公訓系主任。1946 年來台後歷任台灣省立師範學院教務主任兼教育系主任、師範大學教育系主任等職。	著有《教育思想與教育問題》、《世界各國師範教育制度》、《日本教育之理論與實際》、《各國師範教育》等書	師範教育、台灣教育師資討論會

姓名	學經歷	著作	授課科目
鄭鶴聲	1924年國立東南大學歷史系畢業。歷任中央政治學校講師、南京國立編譯館編譯兼人文組主任、南京國史館纂修兼史料處處長等職。1949年中共建政後歷任中國科學院第三所南京史科整理處研究員、山東大學歷史系教授兼中國近代史教研室主任等職。	著有《中國近代史》、《中國史部目錄學》、《四庫全書簡說》、《中華民國建國史》、《試論孫中山思想的發展道路》等書	歷史教學、歷史教學討論會
魏建功	1925年北京大學中國文學系畢業。歷任朝鮮京城大學法文學部中國語講師、國語推行委員會委員、北京大學教授、西南聯合大學教授、國立編譯館大學教科書編纂委員會編輯、西南女子師範學院教授兼國語科主任。1946年應邀赴台擔任台灣省國語推行委員會主任委員，主持國語推行運動。1949年中共建政後歷任北京大學教授、中央推廣普通話委員會委員、中國文字改革委員會委員、全國人民代表大會代表等職。	著有《古音系研究》、《方言研究》、《和語文學語言史》等書	國語教學

資料來源：
1. 賴澤涵，〈陳儀與閩、台、浙三省省政〉，《中華民國建國八十年學術討論集——社會經濟史》，第4冊（台北：近代中國出版社，1991），頁232-321。
2. 秦孝儀主編，《中國現代史辭典——人物部分》（台北：近代中國出版社，1985），頁95-96。
3. 唐秉玄，〈從台灣教育接收追憶趙迺傳先生〉，《傳記文學》，第7卷第5期（1965），頁50-53。
4. 《陳劍翛》，朱家驊檔，卷號：395-（1）（1945年3月），中央研究院近代史研究所藏。
5. 徐友春主編，《民國人物大辭典》（北京：河北人民出版社，1991），頁456、592、1003、1064、1491、1610。

平心而論，就師資而言，以上師資人選皆是各專業科目的一時之選，且在學術界具有一定之素養與地位。8 人之中就有陳儀、趙迺傳、朱經農、陳劍翛、范壽康、林本等六人畢業於日、美、英等國名校。可惜的是，這些人對於台灣之研究甚少，甚至根本沒有相關研究。他們所取得的有關台灣教育現狀的資料，來源多半來自中央設計局台灣調查委員會。而台灣調查委員會雖已盡其所能提供台灣行政幹部訓練班圖書及講義資料，但這批資料的質量實在欠佳。

在數量上，台灣調查委員會雖然選譯台灣法規 43 冊共 150 萬字，又編譯台灣教育、財政、社會事業概況等 19 種講義與台灣地圖一份等資料供學員授課與研究用，[31] 但是還有部份科目出現上課沒有講義的情形。[32] 面對此一難題，陳儀不得不承認「台灣的法令，相當繁多，現在譯印給諸位的，只是很少的一部份。」[33] 另外，在質的方面，這些講義全由台灣調查委員會選擇編成，該會的自我觀點能否符合台灣現狀？抑或脫離台灣現狀？[34] 答案恐怕是後者。因為台灣學者林衡道曾經提

31 張瑞成編，《光復台灣之籌劃與受降接收》，頁 146-147。

32 《唐秉玄台幹班日記》，1945年1月4日。

33 陳儀，〈日本統治台灣的經過〉（續），《復興關》，復刊第 1 卷第 2 期（1945），頁 14。

34 關於這些資料和講義對台灣行政幹部訓練班學員的影響，學者的主張不一。呂芳上認為「這些叢書是台灣光復前，在國內有關台灣問題，資料最豐富、數量最多、最有系統的出版品，對台灣接收人材的訓練、法規計劃的研擬，貢獻很大」。而陳漢光則認為：「是項圖書除黃朝琴及李絜非二書係屬著作外，餘均為編、譯或重刊，於今看來，雖無多大用處，惟可作為了解開羅會議後，重慶方面忙於收復台灣準備之一班，若再參閱各書內容，則可考察

及：「隨陳儀來台的外省人士所持之『古色蒼茫的台灣觀』，泰半是由諸如李萬居、謝南光這類『離台較早，對台灣近況不熟悉』人士，『為了表現工作績效而提供的錯誤情報』所導致」。[35] 這樣的評論雖有些嚴苛，失之公允，但驗諸薛人仰對教育接收工作的回憶，他認為：「我們在重慶受訓時有一個錯誤的觀念，認為日治時期台灣人所接受的都是奴化教育，所以我們來了之後應該徹底消毒，反奴化，那知來台之後一看不是……我們到此地才知道我們所研究的那一套根本不適用……所以懸空的研究還是不行的。」[36]

若把這種感受放在教材問題上看，至少是適當的。因為針對接收人員的事前訓練，教材不僅會誤導學員的觀念，也會使授課的老師產生先入為主的刻板印象，因此後來會發生出任行政長官公署教育處長的范壽康，因發表詆毀台灣的言論，而釀成軒然大波之事件，也就不足為奇。[37] 此外，某些老師的鄉音問題也會困擾學員的學習，使訓練成效打折扣。[38]

當時重慶方面人士對於台灣常識之水準」。呂芳上，〈蔣中正先生與台灣光復〉，「蔣中正先生與現代中國學術討論會」，1986年 10月 26-30日，頁 13；陳漢光，〈開羅會議後重慶出版台灣圖書彙目〉，《台灣文獻》，第 20 卷第 2 期（1969），頁 156。

35 台灣省文獻委員會編，《二二八事件文獻輯錄》（南投：台灣省文獻委員會，1992），頁 554。

36 遲景德、歐素瑛訪問，《薛人仰先生訪談錄》，頁 30-31。

37 台灣省行政長官公署教育處長范壽康曾在 1946 年於台灣省訓練團講課時，出現了批評台灣自治、台灣百姓有獨立思想、排斥外省人、台胞奴化之言論，引發軒然大波。台灣省參議會秘書處編，《台灣省參議會第一屆第一次大會特輯》（台北：編者印行，1946），頁 57-58。

38 據唐秉玄日記的記載：郭廷以先生講授台灣歷史，材料很豐富，

　　其次，就課程而論，語言課程的設計只開設日語與
英語兩種。英語課程最初是為了配合美軍登陸台灣之計
畫，需要大量英語翻譯人才而配置的。[39] 不過，最後美
軍並沒有登陸台灣，這項語言訓練無用武之地。反倒是
重要的閩南語及國語，竟然沒有開設，這是件令人詫異
與不解的事。若以此再加上學員中只有六位台籍人士的
過少比例來說，無異暗示日後接收工作將因語言隔閡而
產生阻礙。[40] 果其不然，光復初期，台灣百姓在英語及
國語方面「程度甚低」，[41] 許多台灣人與外省人因語言
不通經常發生誤解與糾紛，後來才會有黃純青參議員的
提案，要求行政長官公署下令各機關服務人員要利用中
午休息時間「本省人學習國語，外省人學習閩南語」，
以增進彼此之認識。[42] 而部分的台灣行政幹部訓練班學
員到達台灣之後，也才因為工作上的種種需要，意識到
語言溝通的迫切性，於是開始學習閩南語。例如，薛人
仰即是來台灣之後才開始學閩南語的。[43]

　　此外，日語課程的開設目的原本就是為了順利接收

但吐詞不甚清楚，不易記錄。《唐秉玄台幹班日記》，1945 年 1
月 11 日。

39 唐秉玄回憶指出，除有關部門專業訓練外，為配合盟軍準備登作
　　戰，曾加強英語、游泳及有關武器等訓練。唐秉玄，《教育生涯
　　五十年：秉玄八十自述》，頁 54。

40 唐秉玄指出，接收台灣時「語言不通」、「人手缺少」、「法令
　　差異」及「制度懸殊」是首先遭遇之實際困難。唐秉玄，《教育
　　生涯五十年：秉玄八十自述》，頁 81。

41 台灣省參議會秘書處編，《台灣省參議會第一屆第二次大會特
　　輯》（台北：編者印行，1946），頁 97。

42 台灣省參議會秘書處編，《台灣省參議會第一屆第一次大會特
　　輯》，頁 101。

43 遲景德、歐素瑛訪問，《薛人仰先生訪談錄》，頁 41。

起見，但日語課的學習期間只有三個月，要在短時間內
學習一種外國語實在困難重重，成效自然不好。不過，
若是學習環境能配合好，到台灣接收以後能持續不斷
學習，至少在溝通上不會有太大問題。可是在政府在接
收工作尚未完成之際，為了加速祖國化與推行國語運動
之緣故，突然於1946年8月1日起禁止以日語教學，
一律改以國語教學。[44] 旋即又於同年10月25日光復節
時廢除日文版的報紙、雜誌，並在二二八事件之後禁止
日語的使用。[45] 更嚴重的是，甚至連行政長官陳儀本身
都拒絕以日語來和台灣士紳溝通。[46] 如此大幅變動的政
策，不但使得學員學習日語變成了白忙一場，原有的
課程規劃失去意義，而且也讓溝通不良的問題日趨嚴
重。[47] 此外，有些接收觀念不正確的人，認為日本人已
經離開，學日本話做什麼？[48] 如此歧視日語，日語當然
學不好，缺乏學習意願，日語課程也就毫無成效了！

　　至於領域課程，雖是琳瑯滿目，樣樣俱全，可是要
短期修完所有課程，時間上是不足的。況且教育組只有

44 何清欽，《光復初期之台灣教育》（高雄：復文書局，1980），
　　初版，頁109。
45 許雪姬，〈台灣光復初期的語文問題〉，《思與言》，第29卷
　　第4期（1991），頁155。
46 賴澤涵、馬若孟、魏萼合著，羅珞迦譯，《悲劇性的開端——台
　　灣二二八事變》（台北：時報文化出版公司，1996），頁112。
47 台灣行政幹部訓練班沒有開設國語課程亦是一大錯誤，因為接收
　　人員不僅閩南語及日語講不好，甚至連國語都講不好。接收人員
　　來自各省市，難免都會有鄉音的問題，而發音五花八門不標準的
　　國語，曾造成「國語有六種」混亂現象，讓本省人聽得丈二金剛
　　摸不著頭腦，使得溝通更加困難。許雪姬，〈台灣光復初期的語
　　文問題〉，頁166-167。
48 遲景德、歐素瑛訪問，《薛人仰先生訪談錄》，頁41。

十三名學員，又要分成七組，平均一組還不到二人，每位學員除了自己專業選擇的研究之外，所有領域課程都必須在三個多月內學習完畢，再加上領域課程僅在白天授課，晚間通常又有繁忙的黨團活動，時間更是不敷使用，難怪唐秉玄在日記中感慨地說：「近來本班生活漸趨緊張，深感時間不敷分配，尤以研究時間太少，引為憾事。」[49] 而中央訓練團也承認課程的規劃有「課程如此繁多，時間又異常短促。終日除聽講外，甚少複習研究機會。欲求其能融會貫通，體認經為，自較困難。且以聽講太多之故，往往不能集中精神注意領會」之問題存在。[50] 如此繁多又而時間有限的領域課程，簡直就是造成學員學藝不精的主因。

對台灣行政幹部訓練班的學員而言，最後的結業報告才是重頭戲，但部份學員竟在最後一個月才開始撰寫結業報告。如此倉促地趕製報告，當然難以成事，故被唐秉玄譏為「亦可謂盡臨時抱佛腳之能事矣」。[51] 然而重要的是，這些學員倉卒中所做出之報告，都將成為日後台灣幹部訓練班研究部學員擬定日後接收計畫的研究基礎。[52] 因此不禁令人擔心的是，以如此品質為基礎而做成的接收計畫，是否會有不著邊際的問題？

---

49 《唐秉玄台幹班日記》，1945年1月3日。

50 中央訓練團復興關訓練集編纂委員會編，《復興關訓練集：訓練紀實（上）》，第六篇五年來之檢討，頁7-8。

51 《唐秉玄台幹班日記》，1945年4月5日。

52 張瑞成編，《光復台灣之籌劃與受降接收》，頁139。

4. 訓育課程

　　訓育課程中以參觀活動與晚會最輕鬆及最受歡迎，而黨團活動與升降旗報告則最受關注。此類課程成效較佳的因素，在於這類課程提供進入黨與團核心的機會，因此受訓者的參與意願最強。在黨團組織擔任幹部而表現出色者，將有機會進入更高層級，故吸引了許多汲汲於功名利祿者投入。

　　至於升降旗報告，除了有團長蔣介石及教育長陳儀在總理紀念週上的演講之外，尚邀聘了專家學者講演，以交換心得或提示幹部應有之常識。此外，由學員於升降旗後另作學習報告亦是黨團活動中重要的活動之一。報告學員的遴選，則先由中隊訓育幹事遴選三、五人密送訓導組，由訓導組彙整覆核後決定初步名單，定時會商題目範圍並說明講話時應注意事項後，再由各報告人擬定題目及講稿送訓導組覆核，才得以上台發表。此後，訓導組派員聽記並評定優劣，選擇有價值者送交中央訓練團的團刊發表。[53] 能獲選上台者，意味訓練團對他的肯定與重視，故學員們莫不積極爭取此一表現機會。在訓練過程中，曾獲得機會上台報告之學員，計有連震東、薛人仰、張申福及陳壽民四人。他們四人的積極表現，自然也替他們爭取到日後進入研究班與赴台擔任接收官員的大好機會。[54]

---

53 中央訓練團復興關訓練集編纂委員會編，《復興關訓練集：訓練紀實（上）》，第二篇訓練實施，頁 118、158。

54 連震東及薛人仰兩人被派任在台北州接管委員會，張申福派任在財政部駐台灣區財政金融特派員辦公處，陳壽民則在工礦處服務。台灣省行政長官公署秘書處編，《台灣省行政長官公署各單位及

參、唐秉玄《日記簿》所見台灣行政幹部訓練班的學員紀律、黨團活動及研究班之問題

一、台灣行政幹部訓練班的學員紀律問題

　　標榜「紀律自覺、學習自動、管理自治」三自高度自治管理方針的台灣行政幹部訓練班，學員的表現是否符合高度自治精神的水準呢？答案是否定的。由唐秉玄的《日記簿》中，筆者所看到的台灣行政幹部訓練班是散漫而缺乏紀律的。

　　一開學，學員都還未進入狀況之時，關心的不是如何早日適應訓練生活，而是請假與休假之問題，似乎沒把心思放在訓練上。開學後第五天，就全班集合討論請假問題。[55] 而請假的問題也成了最常違犯的紀律問題。雖然已有請假相關規定，學員未經請假或請假未准即擅自外出或逾假之情形層出不窮。[56] 縱使班方不斷地三令五申與祭出禁足之重懲，情況亦不見好轉。[57] 最嚴重的一次發生在 1945 年農曆除夕。當天，由於班方決定不放假繼續上課，結果不少學員因「歸心似箭，紛紛自動離團，聲言『甘受團中禁足之處分』、『先回家過年再

　　台北市各公共機關職員錄》（台北：編者印行，1946），頁 281。

55　1944 年 12 月 29 日，台灣行政幹部訓練班全體學員集合討論請假問題。所得結論：1.星期四請假外出一條取消；2.星期日請假外出，翌日上午八時回團。唐秉玄，《唐秉玄台幹班日記》，1944 年 12 月 29 日。

56　《唐秉玄台幹班日記》，1945 年 2 月 6、7、13 日。

57　對於未經核准而擅自離團，以及逾假未歸之學員，台灣行政幹部訓練班施以禁足二週之懲罰。《唐秉玄台幹班日記》，1945 年 2 月 7 日。

說』」，以致當天晚點名時，僅餘無家可歸之同學五十餘人，截至就寢時，又回來二十餘人，總計留團同學不滿八十人。[58] 不僅當天幾乎有三分之一以上的學員違反團體生活的紀律，隔日甚至連上課的導師與中央訓練團的長官之出席率都只有二十分之一。[59] 而最後，違紀處理的方式竟是「不予處分」。[60] 面對同學的枉顧法紀，唐秉玄感嘆的說：「所謂高度自治精神，從此破產矣」。[61]

　　除此之外，伙食問題亦是嚴重的紀律問題之一。戰爭末期，因物資缺乏，導致通膨嚴重，重慶物價波動甚大，經常一月數變。台灣行政幹部訓練班開辦後，正值農曆年關將屆，故物價更是高漲。而訓練班的伙食經費有限，導致伙食品質日差。日差的飲食，終於引發學員的不滿，進而引爆了衝突。起初，學員只是抱怨，並以私下打「牙祭」的方式因應。其後以增加副食費及改採分食辦法來改善伙食。[62] 不過，物價快速波動，終究使得伙食品質快速下降，終於引發學員的抗爭。2月19日，午餐時，有學員提議，建請班本部增加副食費。晚餐，得知無法增加的消息後，旋有人提議以收回每人每月所補貼的一千元副食費以示抵制，並獲得通過，因而

58 《唐秉玄台幹班日記》，1945年2月12日。
59 《唐秉玄台幹班日記》，1945年2月13日。
60 《唐秉玄台幹班日記》，1945年2月14日。
61 《唐秉玄台幹班日記》，1945年2月7日。
62 《唐秉玄台幹班日記》，1945年1月18日。

與班本部對峙。[63] 2 月 20 日，伙食更加惡劣，在沒有獲得團方的圓滿答覆之下，進而引發了司法組學員司馬煇捧擲飯碗抗議之事件。事後該員不但不認錯，且毫無悔意的說「我打碗是無所謂」。面對這樣毫無紀律的事件，多數學員僉認為應予制裁，以免「高度自治之精神，再被少數人破壞」。[64] 其實，伙食品質差是當時重慶區普遍之現象。況且中央訓練團的目的是在強化黨政幹部的精神力量，以克服艱困的物質環境。但是多數學員卻連這一點苦都無法忍受，竟還違紀抗爭，難怪唐秉玄在日記簿中亦不禁感嘆的說：「恐為自有中央訓練團以來未有之怪現象」！[65] 此外，尚有餐廳勤務同學藉勤務之便，竊食桌上他人食物之亂象。[66]

再者，偷用熱水洗臉亦是嚴重的紀律問題。中央訓練團有一內部規定：洗臉用冷水。此規定之意義有二：1. 培養意志；2. 強身。[67] 另一個因素則是當時重慶市煤荒，用冷水洗臉可節省燃料，以符合新生活運動節約的要求。[68] 不過此規定似乎不太有約束力，雖說班方三令五申的禁止學員取熱水洗臉盥洗，[69] 但因該年冬天重慶

---

63 《唐秉玄台幹班日記》，1945年 2 月 19 日。

64 《唐秉玄台幹班日記》，1945年 2 月 19、20日。

65 《唐秉玄台幹班日記》，1945年 2 月 20日。

66 《唐秉玄台幹班日記》，1945年 2 月 14日。

67 見沈建中整理，沈清塵遺稿，〈回憶抗戰期間的復興關訓練〉，頁 80。

68 《唐秉玄台幹班日記》，1945年 2 月 14日。

69 周一鶚於 1945年 1 月 16 日升旗後的訓話中強調「早晨有少數同學取水洗面，應予禁止」的話言尤在耳，諷刺的是，五天後的 1 月 21 日，唐秉玄就發現有二名同學仍然取用熱水洗臉。《唐秉

氣溫較低，甚至於 1945 年 2 月初還下了幾天雪。[70] 部分學員為圖舒適，還是我行我素的私下取熱水洗臉。更嚴重的是，連廚伕淘米洗菜，也用熱水。[71] 唐秉玄感嘆的說：「公民道德之淪喪，一至於此，殊堪浩嘆」！[72]

如此的散漫缺乏紀律，突顯的是中央訓練團精神訓話的教條化及法治教育之不足。

二、台灣行政幹部訓練班學員的黨團活動

依據復興關之規定，學員於入班之後，均須辦理黨員轉入手續，其未入黨者，得填繳甲種入黨表，黨部代請中委兩人介紹，才獲准為新黨員。每期訓練班於開學後之第一週，成立區分部，以中隊或分隊為單位。接著舉行區分部會議，使每個黨員均納入於組織中活動。第二週成立區黨部，由全體黨員票選區黨部的執監委，並討論提案。[73]

檢視唐秉玄之日記，開學第一週 12 月 29 日即已成立區分部，並舉行區分部黨員大會。[74] 不過，推選區黨部執監委並討論提案的舉措，則遲至第四週的 1 月 12 日才開始。當日除了選出主席一人、區執監委候選人六

玄台幹班日記》，1945年1月16、21日。

70 《唐秉玄台幹班日記》，1945年2月8日。

71 《唐秉玄台幹班日記》，1945年2月14日。

72 《唐秉玄台幹班日記》，1945年2月14日。

73 中央訓練團復興關訓練集編纂委員會編，《復興關訓練集：訓練紀實（上）》，第二篇訓練實施，頁398。

74 《唐秉玄台幹班日記》，重慶，1944年12月29日。

人外，並提請中央當局迅速確定台灣行政度制度案，[75]
但真正的選舉則在 1 月 25 日舉行。根據唐秉玄日記的
記載，選舉競爭是相當激烈的：「日來活動選舉同學，
姿態百出，形形色色於操場、飯廳、廁所均可隨時見
到。不參加競選之同學，頗有左右做人難之苦」。最後
選出薛人仰等五人為執委，顧鴻傳為監委，並通過慰勞
前方將士及向蔣總裁的兩通致敬電文。[76]隨即，在 2 月
25 日又舉行了國民黨六全大會代表的初選，結果辦公
廳主任金德洋以 152 票高票當選。另一位當選人則是企
圖心強的薛人仰，他獲得 41 票。[77]他們二人因此有機
會參國民黨的六全大會，亦多了進階黨核心之機會。薛
人仰來台後仕途一帆風順，莫不與此相關。[78]

　　團務活動之情形也有類似情形。團務活動之目的在
組織團隊、徵求團員及舉行區分隊會議、分團或區分隊
團員大會、團務演講會及團務座談會，藉以做出示範，
加強團員的組織意識，熟悉基層組織之活動內容。如
此，期使團員於離團之後，領導與協助各地團務之推
進，成為該團優秀之領導幹部、社會幹部、或工作幹
部。團務活動原則上每週一次，團員之吸收，採自動的

---

75 《唐秉玄台幹班日記》，重慶，1945年1月12日。
76 《唐秉玄台幹班日記》，重慶，1945年1月24、25日。
77 《唐秉玄台幹班日記》，1945年2月25日。
78 薛人仰來台後，曾先後任台北州接管委員、省教育廳主任督學、
台南縣縣長、台灣臨時省議會秘書長、內政部次長、國民黨省黨
部主委、中央委員會副秘書長、駐尼加拉瓜、瓜地馬拉共和國大
使、蒙藏委員會委員長、國策顧問等職。遲景德、歐素瑛訪問，
《薛人仰先生訪談錄》。

方式，並不強迫。[79] 入團者似乎不少，有許多學員是黨員兼團員，且利用黨員與團員身分，分別參加了六全大會初選代表的選舉活動。[80]

由以上學員熱衷於黨團活動之情景，可見台灣行政幹部訓練班最吸引學員且最具成效的課程，非訓育課程中的黨團活動莫屬。

三、台灣行政幹部訓練班研究部

儘管多種訓練成效不佳，台灣行政幹部訓練班還是在 1945 年 4 月 22 日正式辦理結訓。由於台灣何時光復無法預期，故台灣行政幹部訓練班前後只辦了一期就停止。又因為盟軍尚未登陸，學員無法配合派任至台灣任職，故將畢業的 118 名學員中的 91 人發回原機關任職，其餘的 27 人，台灣調查委員會則以掌握部份人才以備不時之需為理由，簽准成立台灣行政幹部訓練班研究部。5 月 1 日，研究部正式成立。所留下的 27 名學員，他們大多是品行優良且導師認為具有研究資質且原無工作者，或留在研究部不影響原派機關工作者。[81] 他們的研究工作重心有二：

（一）完成以前工作，將以前各學員提出的報告加

---

79 中央訓練團復興關訓練集編纂委員會編，《復興關訓練集：訓練紀實（上）》，第二篇訓練實施，頁 399。

80 《唐秉玄台幹班日記》，1945年3月16日。

81 張瑞成編，《光復台灣之籌劃與受降接收》，頁 140；遲景德、歐素瑛訪問，《薛人仰先生訪談錄》，頁28；不過根據唐秉玄的回憶，研究班的留班的人選是團長蔣介石所選定的連震東、薛人仰等三十人。唐秉玄，《教育生涯五十年：秉玄八十自述》，頁 54。

以整理，提供該會參考之用，如仍有問題，
則做成結論；

（二）研究台灣的法令，辨明何者是違反三民主
義，何者優長，最後做綜合的精詳研究，不
適用的廢止，優長的修正，再草擬補充國家
將在台灣施行的法令。此外，舉行分組討論
會，以草擬事前接管計畫作為準備。[82]

　　總之，這 27 位學員的研究工作，是為將來台灣之
接管工作從事法令的修訂與計畫作準備。

　　研究部開訓後，隨即由周一鶚於 5 月 8 日召集全體
研究員談話，並分配研究工作，商討研究計畫。[83] 研究
部的實際主導與管理權，則由導師由沈仲九負責。[84] 因
為此時的周一鶚除了工作繁多外，亦是黨政高級班的學
員之一。[85]

　　研究部因為研究工作須到各機關學校蒐集資料，
所以其採取的管理模式較訓練班時更為寬鬆自由。5 月
10 日，全體研究部學員集合於會議室中舉行自治會會
員大會，並通過組織章程及自治公約，同時選出幹事五
人。[86] 不過，更寬鬆的自治，雖然方便了研究工作，卻
也造就了部分學員更散漫不羈。而唐秉玄在日記中亦批
評這種寬鬆的自治生活，他說：「一般人以生活自由為

82 張瑞成編，《光復台灣之籌劃與受降接收》，頁 139。
83 《唐秉玄台幹班日記》，1945 年 5 月 8 日。
84 《唐秉玄台幹班日記》，1945 年 5 月 11 日。
85 《中央訓練團黨政訓練班：教職學員名冊》，朱家驊檔，卷號：
　　123-（1）（1945 年 2 月），中央研究院近代史研究所藏。
86 《唐秉玄台幹班日記》，1945 年 5 月 10 日。

樂，余深感研究員之生活太無紀律」。[87] 面對部分學員
的散漫不羈，班方持續由陳儀及周一鶚精神訓話，如5
月31日，周一鶚訓示研究部學員：「注意平時生活紀
律，如按時起床、不隨便外出、外宿同學應輪流」。[88]
6月17日陳儀訓示：（1）工作是道德；（2）忙碌是幸
福；（3）閒空〔空閒〕是墮落；（4）懶惰是罪惡。[89]
此外，班方還以簽名簽到的方式來牽制散漫不羈的研究
學員。[90]

　　雖說有部分研究學員的散漫不羈，研究部並非一事
無成。在沈仲九的強勢主導下，研究部由各分組陸續制
定接管台灣的草擬計畫。例如，6月15日，沈仲九對
教育組提出了接管方案的指示：

（1）國民學校一律六年制，擇期點適中，成績
　　　較優，範圍較大者，改為中心國民學校；

（2）原有之普通中學，一律改為縣立初中。接管
　　　前之一年級學生，照國內制度辦理，二年級
　　　以上學生，仍依原有制度，維持至畢業為止；

（3）職業學校、高等女校一律改為縣立初職及
　　　縣立女中，學生處置辦法與上項同；

（4）接管後三年內，應逐漸將初職升格為高職，

87　《唐秉玄台幹班日記》，1945年6月1日。
88　《唐秉玄台幹班日記》，1945年5月31日。
89　此段精神訓話是陳儀在福建省「縣政人員練所」所題的勉詞，其
　　主要的目的是要「訓練幹部如何做人，以轉移政府風氣；訓練幹
　　部如何做事，以促進國家政治」。賴澤涵，〈陳儀與閩、台、浙
　　三省省政〉，頁238。
90　《唐秉玄台幹班日記》，1945年6月4日。

劃歸省辦（初職減少高職增加）；

（5）師範學校一律暫由省辦；

（6）高等學校改為高中或完全中學，大學預科
改為高中；

（7）高中以上男女同學（分校）；

（8）台灣大學設文理法三院，原有之農學部及
農專部，獨立為農學院。原有之工學部，
獨立為工學院。醫事部及醫專部，獨立為
醫學院；

（9）台灣中央研究所改為台灣研究院，原有之
工、農、衛生三部，改為三研究所，與上
列三獨立學院配合；

（10）各大學第一年暫不招生，多設大學先修班；

（11）擬訂各類教育三年計畫進度表及三年教育計
畫總表；

（12）學校改組一覽表。[91]

　　雖然，此指示並非最終的接管方案，但與實際的
台灣教育接管並無太大差異，台灣教育的接管計畫隱
然可見。

　　8月15日，日本宣布無條件投降，台灣行政幹部
訓練班研究部因接管工作正式展開而終止，為期不到
四個月。9月1日，台灣省行政長官公署在重慶宣告成
立，這批研究學員與導師，自然成為陳儀團隊接收台灣
的主要幹部。但綜括這批接管主力的台灣經驗，實在是

---

91 《唐秉玄台幹班日記》，1945年6月15日。

「認識不明、研究不精及訓練不足」。

肆、結論

　　自開羅會議之後，收復台灣不再是夢幻的空中樓閣，以事先訓練的幹部作為接管台灣的主力，幾乎已成為中國國民黨黨政高層與台籍志士的共識。早在 1943 年 9 月 21 日，台灣革命同盟會就提出設置台灣行政幹部訓練班之建議，雖獲得層峰同意在福建開辦，但最後無疾而終。經由陳儀等人的奔走與努力下，台灣行政幹部訓練班最終還是於 1944 年 12 月 24 日成立，正式肩負起「認識台灣、研究台灣、收復台灣」之重責大任。

　　然而，由唐秉玄的受訓《日記簿》中，可以發現台灣行政幹部訓練班成立之後，不僅困難重重，而且問題不斷。在訓練課程上，首先面臨的是圖書資料及師資的嚴重欠缺，加上訓練期間前後僅七個月餘，倉促而為，便造成訓練內容與台灣實際現狀出現「古色蒼茫的台灣觀」的落差現象。其次，課程之設計，亦出現五大缺失：1. 受訓時間太短；2. 課程失之繁多；3. 閩南語及國語課程沒有開設；4. 精神訓話與黨政課程缺乏成效；5. 課程黨化色彩太濃，黨團活動頻繁，讓多數學員汲汲於功名利祿的追求，不重視專業課程之研讀；6. 重視自治精神，缺乏嚴格的約束，造成部分學員的散漫不羈，導致團隊紀律欠佳。如此的課程規劃與實施，所訓練出來的恐將是一批「語言不通、認識不清、研究不精、紀律不佳」的黨工。讓他們承負接管台灣之重大工程，恐將早已埋下日後接管工作「失敗的種子」。對於台灣行

政幹部訓練班在台灣收復工作的籌畫與用心，其間的若
干努力固然值得肯定，但實際的接管工作呈現雜亂無
章、紛爭不斷等諸多弊端，縱不能完全歸咎在該訓練班
身上，他們也難辭其咎。

　　至於台灣行政幹部訓練班來台後接管工作的困境，
誠如來台後曾任職行政長官公署教育處，不久後轉任台
北州接管委員會委員的薛人仰所坦言的：

> 我們在重慶時原本計畫將台灣省六百萬人口，依行
> 政區域、交通路線等分為二十四縣，但行政長官公
> 署規定二個月之內須接收清楚，真不知如何下手，
> 只好先將日治時期的五州三縣改為五大縣三小縣，
> 其他一概暫行照舊，先使人民安定為要。日本人在
> 政、文官制度方面都相當有一套，清清楚楚，較之
> 當時的大陸地區可說是有過之而無不及。還好我們
> 當初所研擬的接收計畫未予即刻實行，否則人不歸
> 戶，戶不歸地，後果不堪設想，所以懸空的研究還
> 不行的。[92]

　　足見重慶時期的接管計畫與台灣的現實懸空，加上
接管過於倉促，問題叢生是勢所必然。諷刺的是，1946
年間擔任台北市教育局長的姜琦，在為台北市各國民學
校制定的共同校歌之中，歌詞內還描繪著台灣光復後的
美麗願景：

> 我們在光復後的台灣，自由，狂歡。我們學習美麗
> 的祖國文字，偉大的國父遺教，崇高的先哲道統，

---

92 遲景德、歐素瑛訪問，《薛人仰先生訪談錄》，頁 31。

悠久的中華歷史，努力研鑽，不怕艱難。大屯峨
峨，淡水潺潺；台北是文化的中心，我們負著文化
的重擔，要使還我的山河，更光明燦爛。洗盡五十
年來的恥辱，建設三民主義新台灣。[93]

然而，以人員不足及訓練不精的台灣行政幹部訓練
班來肩負將台北建為文化中心的重擔，實為一項不可能
的任務，而所謂的「建設三民主義新台灣」，更是遙遠
的夢想。對台灣百姓而言，「王師」不僅不可期，亦不
可恃，更令人唏噓的是，此一美麗憧憬的破滅帶來的竟
是可怕的悲劇。

近年來，隨著歲月的遞嬗，台灣行政幹部訓練班的
學員逐一的凋零，這段關鍵的史實亦隨之逐漸的掩埋於
歷史的洪流之中。在國內外台灣行政幹部訓練班之相關
檔案尚未公開，台灣行政幹部訓練班學員口述歷史迄今
還沒著落的情況下，藉由唐秉玄受訓日記的公諸於世，
不但揭開了台灣行政幹部訓練班的神秘面紗，亦彌補了
檔案文獻的闕漏，更開啟了另一個研究蹊徑。

＊本文原載《近代中國》，第161期（2005），頁48-78。

---

93 姜琦，《教育學新論》（台北：中央宣傳部三民主義叢書編纂委
員會，1946），頁末序3-4。

相關檔案選錄

台灣革命同盟會為請設立「台灣行政幹部訓練班」致中央執行委員會函──民國 32 年 7 月 21 日

竊屬會聆聽十一中全會總裁訓詞，深信戰爭將於一年左右獲得勝利結束，極感興奮。查收復台灣原為我黨一貫政策，失地同胞之自由幸福實深利賴。台灣淪陷已四十八週年，其農工礦業及交通各項均甚發達，而行政、經濟、社會各種制度又為特殊，教育程度比國內水準較高，將來收復時，須有經過特種訓練之幹部前往接收，依我國策運用改組原有組織，始克有濟。在未收復前，即應將此受訓幹部潛入台灣，預為準備策應，實屬必要。

茲擬訂「台灣行政幹部訓練班設立辦法」一份，敬請於福建省省訓團添設「台灣行政幹部訓練班」，以訓練收復台灣後擔任各種行政之幹部。並由中央依省訓團調訓人員辦法指撥訓練經費，從民國三十三年一月開始集訓，以利收復台灣。是否有當？理呈請卓核呈轉，仍候示遵，實為公便。謹呈

秘書長吳察核轉呈

中央訓練委員會

委員長蔣

附「台灣行政幹部訓練班設立辦法」一份

台灣革命同盟會常務委員謝南光、李友邦、宋斐如

附件：台灣行政幹部訓練班設立辦法

一、設立之理由：

（一）總裁說「為要達成我們革命的使命，遏止野心國家擾亂東亞的企圖，必須針對著日本積極侵略的陰謀，以解放高麗、台灣的人民為我們的職志，這是總理生前所常常對一般同志所講的總理的意志，以為我們必須使高台的同胞能恢復獨立自由，纔能夠鞏固中華民國的國防，奠定東亞和平的基礎」，故收復台灣應為我國之國策。

（二）現在戰爭結束在即，國策必須付諸實施，收復台灣之準備自應從速著手，以免臨事慌忙。因台灣產業發達，行政財政制度複雜，加之收復時之混亂，故初期行政人員須有高度之行政技術及軍事常識，並對台灣一切情形具有深刻認識，始能應付自如。

（三）台灣青年在國內者甚多，且有各種特殊技能，過去未能切實集中運用，實為國家人才損失，苟集中訓練，戰時可以參加各種工作，收復台灣可任先鋒，為黨國效勞。

二、訓練之目的：

（一）行政警察幹部之訓練，以培養五州三廳九市五十三郡（支廳在內）及二百七十二街庄之幹部，擔任收復後之行政警務工作為目的。

（二）建設幹部訓練，以培養產業行政技術管理人員，

擔任接收後運用之產業、交通、專賣、各種官公
營事業為目的。

（三）政工幹部之訓練以培養政工人員，擔任改組、運
用台灣各種社團，並監視各種反動組織為目的。
總之，本班以達到右列三種目的為宗旨，在訓
練上特別注重此三種任務，以混合訓練為原
則，不特別分班。

三、設立之方法：

（一）在福建「省訓團」添設「台灣行政幹部訓練
班」，其主持人員就本會推薦人員中由中央派充
之，但仍受省訓團節制。

（二）訓練人員第一期定為三百人。

（三）訓練期間暫定為一年。

（四）經費依照省訓團辦法由中央撥發之。

（五）受訓者之資格暫以能解台灣語（廈門話及客話）
之台灣青年及閩粵籍青年，並畢業初中以上者為
合格。

（六）訓練科目除省訓團原有科目外，應特重左列各
種科目：

1. 國民黨黨史及黨義（民族主義）。

2. 國防經濟建設十年計劃（民生主義）。

3. 憲政實施問題（民權主義）。

4. 台灣史及台灣革命史。

5. 台灣行政制度及其改革與運用問題。

6. 台灣經濟制度及其改革與運用問題。

7. 台灣社會團體及其改革與運用問題。

      8. 台灣警政及其改革與運用問題。

      9. 台灣工廠、礦山、農場、鐵路、港灣之接收管理問題。

（七）訓練後之工作：

      1. 台灣收復時全部分送台灣擔任工作。

      2. 台灣未收復時分發各省縣或業務機關服務待機。

（八）訓練開始期：以中華民國三十三年一月為預定之開始日期。

（錄自中國國民黨黨史館藏「特種檔案」，特176.22）

中央執行委員會秘書長吳鐵城為「台灣行政幹部訓練班」之設立籲請廣攬台灣同志致福建省政府主席劉建緒函——民國 32 年11 月 1 日

　　恢先主席吾兄勛鑒：陪都握別，瞬經月餘，辰為勛懋益著，公私順適為祝。近接台灣革命同盟會呈請在福建省訓團添設台灣行政幹部訓練班，訓諫台灣幹部，以備將來收復台灣之用，其用意甚善，聞兄亦已同意，至感佩慰。收復台灣原為本黨一貫政策，現勝利在望，尤為時不可失。即請廣攬台灣同志，迅予促成，是所企禱，專此函達。敬頌勛祺。

弟　吳鐵城　拜啟

（錄自中國國民黨黨史館藏「特種檔案」，特171.227）

台灣革命同盟會擬定台灣收復運動改進辦法要綱——民國 32 年10 月 28 日

第一　理由

一、現在戰爭已日趨有利於聯合國，勝利在望，此時，吾人應以堅強有力之組織，團結一致，把握時機，並以充分之準備及迅速切實之行動，臨機應變，堅決推進收復台灣之工作，實屬必要。

二、今日勝利已愈接近，而革命情勢愈成熟，即敵人破壞革命之工作亦必愈加激烈，自在意料中事。查敵人對吾人之奸計甚多，舉其大略，其要點如下：

（一）在台灣內部，敵人利用革命叛徒及間諜，自行組織「偽革命團體」，吸收革命經驗淺薄而熱情之青年，以早期暴發手段，發動暴動，用以一網打盡革命力量，並造成恐怖狀態，離間民眾與革命團體之關係，使民眾對革命團體喪失信仰，放棄支持革命之決心，此其一也。

（二）敵人選派其曾經受間諜訓練之青年回國參加各種革命團體，在內部除取得情報外，並經常挑撥內部鬥爭破壞團結，誹謗領導革命者之信用，離間祖國與台灣，其奸策層出不窮，此其二也。

（三）敵人最無恥之奸計，即假冒台灣各種革命團體名義，在台灣組織各級組織，使民眾真假莫辨，造成混亂狀態，此其三也。

其奸計雖不一而足，最狠毒者莫過於右列三種，故在開始反攻以前，吾人必須先肅清一切敵奸，加強自己之陣營，堅壘以待。尋機出擊，實屬必要。

三、檢討既往之工作，深知黨務政治及軍事各方面應有通盤計劃，考其實際，參酌戰局，按期發表，彼此配合，付諸實施，始克有濟，故各團體各單位共同擬訂計畫，實行分工合作，統一領導，以周到之準備，分途並進，實屬必要。

四、至於台灣之光復，或決定於和會，或決定於武力，其方式未能預定，但吾人首先要盡責，蓋天助自助者，此應為我同志共同服膺者，雖然如此，惟國際關係之運用亦復不可忽略，故對國際方面，吾人又應以統一步伐，以堅定不移之立場，盡一切力量與方法，努力說服聯合國政府，使其承認中國收復台灣為最合理最高尚之世界政策，實屬必要。

五、對於弱小民族之解放及日本被壓迫階級之運動，吾人素以同情及協調為基本政策，而欲使此種政策能切實有利，必須先整理吾人自己之陣容，造出良好環境與榜樣，如此，吾人發言始能有力而受其尊重，故健全自己以勵友人，實屬必要。

六、對於國內邊疆問題，吾人應就自己之經驗向中央提供資料，並貢獻切合時宜之意見，以盡吾人之責任，而吾人自己若不健全，即寶貴意見亦不易受其重視，心正而後言重，此為吾人應自省之要點。

根據右列各種理由，吾人應就本身之組織、宣傳、訓練、行動、計劃及準備各方面，通盤檢討過去

之缺點，切實糾正其錯誤，造成堅強有力之統一組織，建立分工合作制度，並使革命與建設兼施並顧，以新生姿態實行有計劃、有步驟之宣傳訓練及行動，期其言必行，行必致果，此應為吾台同志之共同決心。於此，同人等共同集議，擬定本項計劃，以資共同遵守執行，而利收復台灣。

第二　辦法

依上述理由擬訂辦法如左：

甲、基本方針

一、加強統一組織實行分工合作制度。

二、加強中心組織，擴大外圍團體。

三、分區負責實行競賽並嚴明指揮系統。

四、黨務建軍建政各項工作應分途並進。

五、訓練黨政軍幹部以期革命與建設兼施並顧。

六、加強思想統一運動，嚴格執行革命紀律。

七、擴大國際宣傳，力爭台灣歸還中國。

八、擴大救濟事業，並以安定同志家屬之生活。

乙、辦法要綱

一、加強統一組織實行分工合作制度。

　　（一）台灣革命運動應依黨團會隊分別統一，並加強其組織。

　　（二）黨、團、會、隊應有專任負責人，使其負責發展工作，各盡其才。

　　（三）設黨團會隊連絡會議或連絡委員會，交換情報，檢討工作，擬訂共同計劃，決定分工與協助，調動人員，分配經費，辦理救濟事

業，訓練幹部等各種事項，以收分工合作之成效。

（四）各種組織應實行分層負責及會計制度，以明責任，以期修明。

（五）建議中央組織調整台灣黨部，提高其領導能力，以副中央之重託。

二、加強中心組織擴大外圍團體。

（一）呈請中央對台灣工作人員實行總登記。

　　1. 消極的方面即肅清敵奸、投機份子、動搖份子。

　　2. 積極方面即保獲優秀良善之同志，以資中央錄用。

　　3. 實行工作人員之總考校。

（二）提拔精幹同志分層負責，以加強黨、團、會、隊中心組織。

（三）新加入同志應先加入各外圍組織，經嚴密考察後，其成績優良思想堅定主，始吸收於中心組織。

（四）潛入敵人各種團體，擴大收復台灣之運動，加深敵後之反應，促進其內附。

（五）建立文化團體，擴大文化運動，展開思想戰爭。

三、分區負責實行競賽並嚴明指揮系統。

（一）下層組織設分區負責制度，使各區盡量發揚其能力及社會條件，以擴大工作。

（二）各區負責人一面付與全責實行工作競賽，

一面嚴明其指揮系統，補助其經費，以責
其成。

（三）不服從指揮而有分派行動著，以嚴格之革
命紀律革除之。

四、黨務建軍建政各項工作應分途並進。

（一）為準備應付收復時其之混亂及敵人之抵抗，
必須在台灣內部建立武力及政治力量以資
應付。

（二）利用現有組織建立軍事及政治之潛伏力量，
以配合黨務之推行。

（三）建軍由培養軍事幹部入手，潛入敵後軍事組
織，最後促進完成國軍系統下之台灣部隊。

（四）建政由訓練各種行政幹部入手，潛入敵後政
治組織，最後促進完成國府政制下之台灣省
政府。

（五）建議國民政府依淪陷省區辦法添設台灣參
政員。

五、訓練黨政軍幹部，以期革命與建設兼施並顧。

（一）訓練黨政軍幹部以解決思想問題，並準備
收復時能裕加應付混亂及困難之環境。

（二）黨政軍之幹部訓練在未能設專班以前，盡
量運用現有機構。

1. 黨務幹部分別保送中央訓練團及其他黨
務訓練機構受訓。

2. 行政幹部在福建省訓團請設專班訓練。

3. 台灣義勇隊開班訓練軍事幹部並保送軍

校受訓。

（三）編訂台灣復興及復員計劃分別研討。

（四）選擇各種人材保送有關機關研究實習備用。

六、加強思想統一運動，嚴格執行革命紀律。

（一）各級幹部盡量保送中訓團受訓，以加深其
　　　對於三民主義之認識。

（二）擬訂台灣三民主義運動之計劃，以糾正一
　　　切分歧複雜之思想。

（三）編印台灣史料及叢書，以加深同志及國內
　　　對於台灣之認識。

（四）以嚴格之紀律糾正同志之思想及行動。

七、擴大國際宣傳，力爭台灣歸還中國。

（一）運用廣播、文字、集會等各種機會宣傳台
　　　灣問題。

（二）呈請中央准予參加國際間之對敵工作，取
　　　得共同對日作戰之機會。

八、擴大救濟事業，並以安定同志家屬之生產。

（一）以事業即宣傳為原則，整理統一擴大救濟
　　　事業，並設專管該事業之管理機構。

（二）以救濟即建設為員則選定應辦事業，訓練
　　　經營與管理人才。

（三）設會計獨立制度以樹立事業之穩固基礎，
　　　而獲合理之運用。

　　三民主義青年團駐台灣義勇隊分團部、軍委會政治
部直屬台灣義勇隊、台灣革命同盟會共同擬定。

（錄自中國國民黨黨史館藏「特種檔案」）

台灣革命同盟會常委謝南光呈中央執行委員會秘書長吳鐵城有關加強收復台灣辦法備忘錄——民國 33 年 1 月 6 日

一、請援助同盟會再發動襲擊，以武裝宣傳答覆加拿大
　　太平洋學會主張共管台灣之錯誤思想，加強收復台
　　灣之決心。
二、請設台灣政工幹部訓練班，以擴大組織台灣政工
　　大隊。
三、請設台灣軍事幹部訓練班，以備在國軍內成立台灣
　　教導隊。
　　　　台灣革命同會常務委員　謝南光謹呈　一月六號
吳秘書長批示：交潘主任公弼研究。吳　一月六日。

附件：中央執行委員會秘書潘公弼呈秘書長吳鐵城之簽辦意見——民國 33 年 1 月 8 日

　　承命研究謝南光君所陳三項辦法，竊意均可採納，
並力促實現，茲分別陳述如次：第一項擬請函復謝君囑
擬實行之具體辦法，再謀進行。第二、三項應為整個辦
法中之一部份。整個辦法以收復並治理台灣為總目標，
在此總目標之下，亟辦數事：
一、結集海內才智與青年之有志於台灣者，從事渝有關
　　台灣之調查研究設計工作，為接收並治理之準備。
二、對台籍同胞不分良莠儘量吸收分別處理：
　　（一）對青年分班訓練，俾他日服務桑梓，為治
　　　　　理台灣之中下級幹部。

（二）對智識分子、幹練人士，儘量羅致，俾他
日參預行政與各種事業。

（三）對不良分子甚至有為虎作倀之嫌疑者，予以
羈縻，消極則減輕隱患，積極則收為己用。

三、中央須指定大員一人，賦予全權，課以全責，
綜持一切，以赴總目標。切忌政出多門，事權不
一，反而為台灣之投機分子與不良分子所利用，
耽誤大計。

凡上所陳是否有當，謹候鈞裁。

此呈秘書長

潘公弼敬上　一月八日

吳秘書長批示：專員室存參考。

（錄自中國國民黨黨史館藏「特種檔案」）

台灣收復前之準備建議——民國 33 年 7 月柯台山擬於陪都

一、黨務方面：

（一）從速推展台灣本地黨務，切實在島內發展基層組織，用以領導全台民眾，以輿論與武力抵禦一切侵犯勢力。

（二）加強台灣黨務機構，充實實際工作人員，對台籍人士應加以注意羅致，以便開發工作。

（三）台灣省黨部因時勢之需切，應提早成立，用以號召台灣同胞，昭示中外。

（四）開辦台灣黨政幹部訓練班，分普通高級兩部門，普通班在福建開辦，徵募當地台籍、閩籍志願者，數目在二千名以上，備為善後台灣政工人才。高級班在中央開辦，由各機關選送優秀幹才受訓，數目二百名，為善後台灣高級行政人員，並以此二百人為主體，策劃收復台灣之各種準備。

（五）收復台灣之任務，目前因軍事之缺乏，端賴於黨務之潛伏力為先驅，即於登陸當時，黨務尤須配合軍事並進，故在目前，黨政之推展與準備，當較任何部門重要。

二、政治方面：

（一）依照我國準備實施憲政之原則，政府似宜頒佈將台灣列入中國省份之一，並在收復後，立即在台實施憲政，對台胞以視一目同仁。

（二）從速籌備成立台灣省政府或省府籌備處，集才
籌劃收復台灣所應準備各種方案，並擬具善後
政綱，以明文規定，頒佈於眾，一面用以昭信
台胞，一面在國際間表示我對台灣有領土主權
之主張。

（三）對於歷年從事台灣革命之台灣同志，似宜加以
鼓勵與提高其政治地位，除用以號召台胞外，同
時藉以抵禦在台各種黨派份子之鬥爭，得以便於
實施我國政制於台。

（四）台灣善後行政特殊，對其準備在台從政人員，須
較國內人才尤優且專，對於行政各部門，甚而國
際外交，尤須提早造就專才，目前對於志願往台
從政各級人員，或集體訓練，或個別選送國外實
習，以資深造，實不可稍懈者。

三、軍事方面：

（一）目前台灣武裝隊伍計有六十萬之眾，我政府似
宜從速訓練特別武裝隊伍，數目當在二十萬以
上，以期配合盟軍登陸，不致失去處理領土主
權之良機。

（二）登陸台灣作戰隊伍，應重質不重量，能以教育水
準之閩、粵青年為適宜，使其善後可繼續在台從
事各種行政工作。

（三）軍事機構中不能忽視者，即配合政治工作是
也。在進軍前後應盡量發展政治工作，使其力
量滲透於全台武裝之中，充分發揮分化全台敵
軍，以收事半功倍之效，「蓋祖國之旗幟實重

於盟軍之武力也」。

（四）我政府對於目前台灣軍事價值之地位，或提早
成立軍管區，或組織軍事機構，似不宜容緩，對
於台灣周海之東南群島、先島群島、巴坦群島、
澎湖群島，乃至本島有關海防價值地點，似宜從
速確立處理決策，使能握住台灣海防實權。

四、黨政軍實際配合：由準備至實施過程，黨政軍之機
構與力量，尤宜實際配合，遵照國策，由黨領導統
籌辦理，樹立良好示範，昭信台胞。

民國三十三年七月　台山擬於陪都

（錄自中國國民黨黨史館藏「特種檔案」）

司馬思真：中國國民黨與台灣——追記光復前的台灣黨務——民國 39 年 10 月 25 日

　　誰都知道，台灣的光復，是本黨領導全國人民八年抗日的結果，但很少人知道台灣在日人統治期間發動民族革命，反抗日人統治的也由本黨同志來領導。

　　據教育廳長謝東閔稱：本黨在台灣的黨務活動應當追溯到民國元年。領導者就是當時台北醫學校學生翁俊明先生。

　　本黨總理孫中山先生是濟世救人的醫生，後來棄醫而從事革命工作，終於推翻滿清建立民國，而台灣的國民黨之父翁俊明先生也是一個醫生，這真是一個歷史上的巧合。總理親眼看見國民黨的誕生，然而翁俊明先生卻在台灣光復前二年，即民國三十二年一月十八日暴卒於福建龍溪，的確是大大的不幸，死因至今不明。

（一）翁俊明同志生平

　　敘述台灣黨務而忽略翁俊明同志，正如講述本黨黨史忽略先總理一樣的不可寬恕。翁俊明先生原籍廣東澄海，遷到台南已十餘代，家世業儒，三代前改業製糖及養魚，頗有積蓄。先生生於清光緒壬辰年十一月二十五日。至四歲，中日之戰，我國戰敗，將台灣割讓給日本。先生封翁結煥公思念故國情殷，禁止先生學習日文日語，至十五歲，才停讀漢文考入台南第一公學，就讀三年後考入台北醫學校，得閩籍同學王兆培的介紹，於民國元年加入同盟會為會員，同年九月三日成立中國同盟會台灣通訊處於醫校，宣傳革命，並吸收蔣渭水、杜

聰明、蘇樵山、黃調清等七十六人為會員，是本黨在台灣的第一個組織。

是年年底，台灣同盟會會員因為響應黃克強先生所倡導的國民捐會募集了二千四百元款項，蘇樵山攜赴東京，打算委託青年會代為收轉，該會拒絕收受，於是改派王傳新送往廣州。民國二年，袁世凱在北京陰謀稱帝，台灣同盟會會員聞訊，非常憤慨。翁俊明、蔣渭水、杜聰明等曾數度密商剷除國賊之法，起初不得要領。翁俊明在校讀書時對細菌學極有研究，於是在學校私地培育細菌，準備將來帶細菌赴北京毒殺袁逆。是年七月先總理來台，在台同盟會會員曾經多方企圖與先總理一晤，因日人監視甚嚴，卒未晉謁並親聆訓示。先總理離台後，翁俊明、杜聰明密商，決定攜毒菌前往北京毒殺袁世凱。原來打算兩人同往，以後杜聰明臨時因事不能偕行，翁俊明於是單獨攜毒菌離台，取道日本轉赴北京，湊巧與先總理同乘信濃丸赴神戶，當翁在船上發覺與先總理同船時，好像哥倫布發現新大陸一樣地快樂，當時得福建商會會長王敬祥的介紹，第一次與先總理見面，據謝東閔氏對本報記者說：翁先生後來對謝氏閒談往事時曾以白頭宮女的心情敘述此事。謝氏稱：翁先生在船上曾將他離台的任務源源本本報告先總理。先總理不贊成用毒菌殺死袁逆的辦法。先總理說：「你將毒菌放入自來水，不是要害死別人嗎？」翁先生回答，他準備將毒菌放進袁逆的官邸裡的自來水裡面，即使毒死也是毒死袁的狐群狗黨。先總理雖仍不以為然，但對此少年革命志士的犧牲精神，則非常讚許。

　　翁先生抵達日本後，即經大連、奉天而至北京，但袁逆戒備極嚴，翁先生無法接近袁逆，既無隙可乘，於是垂頭喪氣回到台北。據謝東閔氏說翁先生失望之餘將自己辛辛苦苦培養的毒菌一口氣吞入腹中，自分必死無疑，但一直沒有絲毫反應。據謝氏說翁先生一向把生死置之度外，因此，他敢冒常人所不敢冒的危險，吞食毒菌，就是這種個性的具體表現。民國三年，在醫校以第三名畢業，民國四年到廈門開設醫院，秘密從事台灣革命事業。

　　以後又在上海法租界開設俊明醫院，民國十八年再到廈門行醫，任同善醫院院長。民國二十六年抗戰軍興，不久廈門淪於敵手，翁先生就攜眷赴港，民國二十九年送哲嗣炳榮等赴渝求學，更積極參加抗戰工作。在香港時，翁先生就集合閩省有志青年陳哲生、陳崑山、莊孟倫、陳乙華、陳啟明、陳新春、葉永年等先後組織「健行社」、「思宗會」，力謀發動台灣的民族革命，使與大陸上的祖國抗日戰爭相呼應，以期打倒日本帝國主義，光復台灣。據謝東閔氏說：當民國三十二年翁氏在福建漳州任「中國國民黨直屬台灣執行委員會」主任，談到將來的志願，翁先生表示台灣光復以後，他並不想做官，他願意任台北熱帶病研究所所長，把他的晚年全部貢獻給醫學。想不到命運之神捉弄翁先生，使他不僅不能實現自己的志願，連親眼看見台灣光復的一點福份都沒法享受，翁先生泉下有知，必不瞑目！

（二）黨務領導的統一

　　民國廿九年在重慶的台灣革命志士人數漸多，但組
織也不統一，當時有李友邦領導的台灣獨立黨，謝南光
領導的台灣民族同盟，林士賢、陳友欽領導的青年革命
黨，柯台山、宋斐如所領導的台灣人民革命黨，張邦傑
所領導的台灣民族革命黨等組織，形式雖然不同，而目
標則是一個。其時本黨同志劉啟光在軍事委員會政治部
工作，認為上述各組織的領導者固然大多是本黨的忠實
同志，但組織名目繁多，也不是一件好事。當時本黨組
織部長朱家驊也有同樣的感覺，就與王啟江、劉啟光會
商統一台灣革命組織。劉氏建議成立「中國國民黨中央
組織部直屬台灣黨部籌備處」，朱部長以台灣將來光復
以後的行政區域名稱尚未確定，所以不用省字，朱部長
將此案提出中常會討論，因對台灣黨務極端秘密，所以
不留文字記錄。在籌備處成立前的過渡時期，台灣革命
同志李友邦、李萬居、劉啟光、張邦傑、李友欽等聯
合各團體改稱為「台灣革命同盟會」，總會設在重慶，
下分南北兩執行部，北方執行部由李友邦任主席，南
方執行部由張邦傑任主席，至籌備處成立後同盟會才
停止活動。

　　中央組織部任命翁俊明為籌備處主任，劉啟光任秘
書，陳哲生、李自修、葉永年分任組訓、宣傳、總務三
科科長。台灣島內工作：北部由周望天同志負責，南部
由莊孟侯同志負責，自由區方面：重慶連絡站由林忠同
志負責，桂林站由謝東閔同志負責。

　　據劉啟光說，當時的組織極端秘密，不但中央黨部

沒有一紙文字的命令，而且連關防也沒有發一個，任何一個負責人不但沒有接到過中央的書面訓令，連一張任命狀或聘書也沒有發，籌備處在香港只刻了一個「張文」的小章，算是這組織對外的唯一痕跡。

（三）陳哲生同志壯烈成仁

這時正是太平洋大戰發生的前夕，籌備處在香港的黨務活動也達到了最緊張的階段。至卅年十二月八日珍珠港被日軍偷襲，太平洋大戰爆發，香港不久淪陷，翁俊明、劉啟光等自香港逃出，步行至惠陽候命，陳哲生同志奉命留守，由於他的機警，香港淪陷前，他已滲入日本在港的主要特務機關香港日報工作，香港淪陷後，謝東閔勸他離開，他對謝說：「你有家累，還是先走罷！我孑然一身，行動自由，還是讓我留在這裡守住這個據點，請你安心地走吧！」

一個月以後，陳哲生同志被日本憲兵逮捕，每天非刑拷打，但他堅不透露一點機密，日本無可奈何，把他送回台北，關在監獄裡，到光復前夕前進指揮所到達台北，參謀黃欽禮奉命前往援救，命令日人放出陳同志，但在黃參謀到達前已被日本特務秘密處死，陳烈士的老父所領到的只是一具皮包骨的死屍。陳烈士的壯烈犧牲，實在是本黨無可彌補的損失！陳烈士可以看見台灣光復而竟不能親見，真是人間最大的慘事！

（四）幹部的訓練

香港淪陷以後，翁俊明主任鑒於工作上的要求，建議中央籌辦幹部訓練，於三十一年秋在江西泰和開辦戰地黨務訓練班，因台灣收回問題當時還未解決，所以對

外名為「韶關戰地服務訓練班」，對內則是「台灣黨務
工作人員訓練班」；由翁主任兼班主任，招收台籍及閩
浙青年，施以三個月的嚴格訓練。同時被指派施石青、
陳邦基、施石晨、陳新春、陳崑山等同志，分別潛赴上
海、廈門、香港、廣州灣等陷區工作，並負責連絡台灣
島內工作同志，傳達籌備處命令。為執行偉大工作而殉
國的除陳哲生同志外，還有優秀工作人員陳新春、陳祺
坤、王五本、陳自清、王麒麟、翁武烈、鄭玉樹等。

自民國三十二年春至三十四年本省光復時為止，台
灣黨部改稱為「中國國民黨直屬台灣執行委員會」，該
委員會於三十二年四月正式成立於漳州，翁俊明任主
委，執行委員兼書記長林忠、陳邦基、郭天乙、丘念
台、謝東閔、陳棟、楊萬定、廖啟祥等任執行委員，各
科科長由委員兼任，一般工作人員，大都是黨訓班的畢
業生。

委員會工作至此大為開展，除派大批工作人員潛赴
大陸各淪陷區做策反工作外，並聯絡島內工作同志，竊
取情報，以私人情感規勸富有民族意識的本省同胞在敵
方軍政機關內乘機反正，當局在大陸上敵方軍政機關中
所吸收的台籍黨員共有六百八十九人，在本島內所秘密
吸收的黨員，尚不在內。

在開羅會議前，對台灣問題，議論紛紜，莫衷一
是，該委員會全體委員不斷研究，檢討，作成建議案送
中樞參考，後來開羅會議決定台灣重歸中國版圖，該委
員會工作，更積極展開，對日寇在台灣的奴役政策，給
予嚴重的打擊。

但不幸的是在開羅會議舉行前的數天，即三十二年十一月十八日翁主委俊明被人下毒斃命，逝世前腹痛如絞，鼻孔流血，從發病到逝世不到二十四小時。

至於翁主委的死因，到現在還不明白。不過當時日人對翁主委恨入骨髓，必欲得而甘心，很多同志規勸翁主委小心謹慎，防敵諜暗算，但他總是一笑置之，想不到不久就遭毒手？但如何下毒？是什麼毒？何人所幹？直到如今還是一個謎。

以翁主委的人格、學問，不應當有什麼私人仇恨，沒有遭私人暗算的可能。據和翁主委最接近的謝東閔氏對記者說：翁主委的私人道德好極了，他無論到什麼地方，人家都稱他為活神仙，因為他精於中西醫，很多貧苦的人民原已病入膏肓，別的醫生已束手無策，常被他免費診好。謝氏說在漳州時，有一個華僑女子臥病五六年，吃了翁主委的藥竟霍然而癒。尤其在鼠疫、霍亂流行時，他更活人無算。他處方時，在中藥方面歡喜用附子，所以他的友好給他一個綽號叫「附子」先生。翁主委有三子五女，次子炳榮現任台灣廣播電台節目科長，學識宏通，為人精明，頗有父風。次女適台中立委郭天乙，於最近逝世。

翁主委殉職後，中央派書記長林忠兼代主委，三十三年春，林書記長辭去本兼代各職，中央派蕭宜增代書記長兼主委，黨部也從漳州遷往永安。

民國三十四年，福州克復，黨部也隨福建省政府遷往福州的花巷。

抗戰勝利後，中央發表中委王泉笙為主任委員，王

未到職，改派李翼中接允，台灣光復之初李仍任主任，
李辭職，丘念台繼任，丘去職，陳辭修繼之，陳辭，鄧
文儀繼任。最近台灣省黨部改為台灣省改造委員會，中
央派倪文亞為主任委員。而今日的台灣已變為民族復興
基地，更非翁故主委初料所及了。

（錄自民國三十九年十月二十五日

台北《中央日報》光復節特刊）

附件：朱家驊閱後註記──民國 39 年 10 月 28 日

本黨對於台灣港澳等地，向以海外相視，故台灣
隸屬東京總支部，港澳則直屬海外部。余深以為不妥。
十六年在粵時曾提議將港澳總支部劃歸廣東省黨部也。
二十八年底由秘書長調長組織部後，發現本黨在台既無
組織，亦無活動可言，即東京總支部，亦因戰事而瓦
解。惟台灣同胞懷念祖國之心仍切，在渝努力於抗戰之
同志甚多，一旦隨日軍進入淪陷地區之人亦復不少。而
台灣又為日軍南進基地，對於戰事頗關重要。因於到部
不久，即約集當時在渝之台灣革命同志劉啟光、林忠、
謝東閔等一再商談（發展）台灣黨務工作，並由劉啟光
於第一次談話後，介紹與翁先生見面，相談甚得，即請
其參加商談，時為廿九年一月也。至春間計畫妥當，即
草擬提案設置台灣黨部直屬中央，等於省黨部，並以翁
先生主持其事。當經常會決議通過。暫設於香港，先於
沿海一帶之台人工作著手，徐圖深入島內，以島內工作
為主。以後一再督促，率以日人監視嚴密，僅能由港
澳、廈門兩地區派員進入台灣展開地下活動，黨部本身

於光復之前未能移島內。翁先生曾以工作關係，有時由
港到渝商談，最後似在三十二夏初，我不復記憶，豈知
渠於是年冬竟遭犧牲，痛哉！騮註。卅九年十月廿
八日。

（錄自中央研究院近代史研究所藏「朱家驊檔案」）

中央設計局秘書處致台灣調查委員會有關培訓接收幹部函——民國 33 年 8 月 17 日

　　奉總裁未吻侍秘代電開：中央黨部吳秘書長、組織部陳部長、中央訓練委員會段主任委員、中央訓練團陳教育長、行政院張秘書長、中央設計局熊秘書長均鑒：關於收復台灣與東北之準備工作，應先從訓練與儲備幹部著手。（一）所有東北及台灣所需黨務與行政之高級及中級幹部應即一併統籌訓練；（二）幹部之儲備，應多選拔深入敵後艱苦工作之同志，以昭激勸，同時注意現在教育界、工程界之東北籍與台灣籍專門人才，以適應將來建設之需要；（三）東北人員訓練後，再選其中優秀而熱誠之份子，使其參加設計局對於東北之調查設計工作。即希照此原則擬具台灣與東北黨政幹部訓練具體辦法呈核等因。並奉秘書長決定：送請東北、台灣兩調查委員會擬辦等因。除分函東北調查委員會外，相應函請查照辦理，並希迅予擬復，以便呈核為荷。此致
台灣調查委員會

中央設計局秘書處啟

八月十七日

（錄自中國國民黨黨史館藏「特種檔案」）

東北及台灣黨政幹部人員訓練辦法草案——民國 33 年 9 月

一、為準備收復東北及台灣後所需要之黨政幹部，於中央訓練團內設東北黨政幹部訓練班及台灣黨政幹部訓練班。

二、東北黨政幹部訓練班及台灣黨政幹部訓練班各設班主任一人，由團長指派之。每班得各設秘書一人。各班一切行政均由中央訓練團辦理，關於教務，必要時東北調查委員會、台灣調查委員會得派員參加之。

三、受訓人員之資格如左：

甲、東北黨政幹部訓練班。（略）

乙、台灣黨政幹部訓練班。

（一）專科以上學校畢業服務成績優良者。

（二）曾任薦任職及高級委任職或相當職務，經銓敘合格服務成績優良者。

（三）高等考試及普通考試及格，服務成績優良者。

（四）台灣人員凡合於右列資格之一者，應多多選取。

（五）深入台灣敵後艱苦工作或致力台灣革命著有成績者，應從寬選取。

四、受訓人員之甄選，由中央訓練委員會會同中央黨部秘書處、組織部、行政院及中央設計局東北調查委員會、台灣調查委員會分別組織甄選委員會辦理之。

五、各班訓練人數：東北黨政幹部班每期二百人至三百人；台灣黨政幹部班每期一百人至二百人。

六、訓練期間：每期四個月，第一期於民國三十三年
十一月一日開學。

七、訓練課程注重下列五項：

（一）總理遺教、總裁訓詞及本黨黨史。

（二）中央及地方行政法令及其他重要法令。

（三）中央對台灣及東北的政綱政策。

（四）敵偽在東北、台灣設施概況。

（五）東北、台灣接收復員及戰後建設各種計劃。

八、受訓學員原有職務者，保持原職務，原薪津。無職
務者比照其最近卸職前之待遇支給津貼。

九、受訓學員在受訓期間伙食服裝由團發給。

十、學員畢業後，成績特優者，得派至中央設計局台灣
或東北調查委員會工作。其餘有職務者，以暫回原
職務為原則；無職務者，由中央分派適當職務，或
派往各機關實習。

十一、本辦法自核准之日施行。

（錄自中國國民黨黨史館藏「特種檔案」）

東北及台灣幹部人員訓練計畫草案

一、訓練目的

儲備東北及台灣黨政高中級幹部人才，使研究準備
擔任收復工作及收復後建設工作

二、訓練要旨

（一）體認國家對於東北及台灣之政綱政策。

（二）研究敵偽一般設施之實況。

（三）研究接收與建設方案。

（四）學習並研究改進機關管理之方法。

（五）培養團體合群分工協作之修養。

三、訓練類別

甲、高級幹部人員

（一）省、市黨部委員、書記長。

（二）省政府委員、廳長、市長及教育、外交、交
通、衛生、農林、水利、礦場各類機關主管
人員。

乙、中級幹部人員

（一）縣、市黨部委員、書記長。

（二）縣長、警察局長及縣級行政人員。

四、訓練期間

甲、高級幹部訓練期間為四個月，首一個月為自行
研究時期，次二個月為派赴各省有關機關實習
時期，嗣後一個月為集中訓練、分組討論時期。

乙、中級幹部訓練期間為四個月，首一個月為自行
研究時期，次二個月為派赴省有關機關實習時

期，最後一個月為集中訓練時期。

五、訓練方法

（一）自行研究時期不調集受訓人員，就自行選定
之組別自行研究，由擔任之教官指導其研究
項目及研究方法，並指定其應閱讀與參考之
材料。

（二）實習時期，由指導教官分別洽送至有關機關
實習，應參加實務工作，俾能明瞭該機關之
全部運作業務，並探究其利弊。

（三）集中訓練時期，著重研究心得，與實習經驗
之交換，尤其對於團體精神之素養，特別予
以習慣及表現機會

六、指導教官

指導教官應以中央各有關機關首長充任，如教育組
以教育部長為主任教官，而以教育部重要人員為
教官，外交、經濟等部門亦同，俾訓練與實際打成
一片，將來任用亦由指導主任教官根據成績分別遴
保，以免訓練與任用不相銜接。

七、學員遴選標準

甲、高級幹部人員應具左列標準。

（一）東北籍或曾在東北工作，或曾主持東北工
作，或對東北問題有研究者。

（二）以前或現在台灣，或曾僑居工作於台灣，或曾
主持台灣工作，或針對台灣問題有研究者。

（三）現在或曾在東北及華北淪陷區及台灣從事工作
之本黨同志，成績優良，具有相當資格者。

（四）年齡在三十歲以上，入黨在三年以上者。

（五）大學或專科以上學校畢業，曾任簡任職或薦
　　　任職三年以上者。欲赴台灣工作者應精通日
　　　語、廈門語或英語。

乙、中級幹部人員除入黨年齡在五年以上外，餘適
　　用縣長任用之規定。

八、學員遴選辦法：

（一）總裁特交人員。

（二）中央黨政軍各機關首長遴保人員。

（三）現任東北黨政軍各機關首長遴保人員。

（四）東北四省黨務高級幹部會議委員遴保人員。

（五）侍從室第三處考核存記有案人員。

（六）台灣幹部人員，由台灣黨部、台灣革命同盟
　　　會、福建省政府、台灣義勇隊分別遴選。

（七）徵調留日學生。

（八）公開徵求。但須經由相當人員之介紹與保證。
　　　以上人員，由總裁指定之委員會審核之。第一期
　　　高級幹部人員以百人為度，中級幹部人員以三百
　　　人為度。

九、受訓待遇及卒業分配工作

　　學員被選送受訓，均帶原職原薪；自行研究時期，
　　仍在原機關工作，每月酌給研究費；實習期間，由
　　實習機關供給膳宿；集中受訓期間，照中央訓練團
　　之規定；卒業後，除由東北、台灣兩調查委員會先
　　選一部份外，均回原機關聽候調派。

十、主持機關

（一）由總裁指定中央黨部秘書長、組織部長、訓
練團教育長、行政院秘書長、軍事委員會參謀
總長、設計局秘書長及東北、台灣兩調查委員
會主任委員，組織一委員會主持甄選事宜。

（二）訓練詳細辦法及教材編配，經費預算，由訓
練委員會主持。

（三）訓練之實施，由中央訓練團主持。

（四）卒業之任用，由指導主任教官遴保。

十一、本辦法自核准之日施行。

（錄自中國國民黨黨史館藏「特種檔案」，

特 030.414）

中央訓練團台灣行政幹部訓練班學員招選辦法

一、本辦法係根據台灣幹部訓練班甄選委員會之決議訂定之。

二、全班學員暫定招選一百二十名，訓練時間為四個月。

三、本班訓練之實施分為六組：

（一）民政組。

（二）財政金融組。

（三）工商交通組。

（四）農林漁牧組。

（五）教育組。

（六）司法組。

請中央各機關就其主管業務依上列性質分別選送，黨務機關及各大學則就個人之經歷及志趣分別選送。

四、被選送資格：年齡須在二十五歲以上四十五歲以下，身體強健，具左列資格之一者，均可選送。

（一）高等考試及格，服務成績優良者。

（二）曾任薦任職務或相當職務，服務成績優良者。

（三）曾在專科以上學校畢業，服務成績優良者。

五、被選送者之原職及服務經歷，以與上列各組之一有直接關係者為限。

六、各機關於選送之前，須得被選送者之同意。

七、被選送者須備自傳、學歷證書、服務證件，由選送機關轉送來團（請註明本團台灣行政幹部訓練班學員資格審查委員會收）。

八、選送機關須備正式公文、造具名冊、註明組別，連
　　同各種應繳證明文件於本年十一月十日以前妥送來
　　團，以憑審查。

九、應選各學員之資格經審查合格後，專函通知，定期
　　舉行考試。

十、考試分筆試：

　　（一）政治測驗，

　　（二）英文（或日文），

　　（三）專門科目兩門。

　　口試：於筆試後舉行之。

十一、考試成績定於十二月六日決定，分別函知及格
　　　者，即於十二月十日以前來班報到，十二月十一
　　　日開始訓練，不及格者仍在原機關供職。

十二、學員在受訓期間仍保留原職、支原薪（無職務者
　　　由班酌給津貼）。畢業後，在未簽請核派新職之
　　　前，仍返原機關照常服務。

　　　　　　　　（錄自中國國民黨黨史館藏「一般檔案」）

台灣黨政幹部訓練班訓練辦法（課程部分）

共同講授科目

科目	內容概要	總時間	講授次序	講師	備考
現代科學	講授科學方法及科學與人生國家等關係	二〇			
現代政治	講授英美蘇及其他國家最近政治狀況	二〇			
現代經濟	講授英美蘇及德日等最近經濟情況	二〇			
現代外交	講授二三十年世界各國外交狀況	一六			
現代法律	講授最近法律趨勢及中國公私法的要義	二四			
行政管理	行政組織人事財務庶務文書管理	一六			
調查與統計		一六			
台灣歷史		四			
台灣地理		四			
日語日文		一〇〇			
合計		二四〇			

附註：

一、日語日文須分班教授，每班學員以三十人左右為限。

二、講授總時間二百四十小時，以十六週計算，平均每週十五小時，或於最初一二月集中教授，或平均分配予各月，臨時之定。

三、除右列規定科目外，可加臨時講演，但總時數不得超過四十小時。

（錄自中國國民黨黨史館藏「特種檔案」）

各機關選送台灣行政幹部訓練班學員注意事項 ——民國 33 年

一、此次訓練之目的，為準備將來中央各機關派往台灣從事各部門行政工作人員之幹部人員。故各機關選送學員時必須考慮將來業務，請就本機關或附屬機關之現職人員中認真選拔，特別注重其學識、經驗、能力、體格及事業熱誠。

二、被選送者之資格除招選辦法規定者外，應注意下列各點：

（一）畢業學校應選其辦理成績卓著者。

（二）服務成績必須優良，最好就現任薦任職或委任一級人員中選送。

（三）體格必須健全者。

三、各機關對被選送者必須分別加以評語。

四、各機關選送名冊必須如期送到，並應註明：

（一）現在職務。

（二）現領薪津。

（三）現在住址。

五、學歷證書（應檢送最高或最後畢業證書呈驗）。

六、服務證件。

七、自傳內容：

（一）家世。

（二）學歷。

（三）經歷。

（四）與黨（團）之關係（未入黨者即填未入黨或

未入團）。

（五）有何專長或對於何種工作最相宜。

（六）對於過去工作之感想及對將來工作之願望。

（錄自中國國民黨黨史館藏「特種檔案」）

黃朝琴對於台灣幹部訓練班之意見——民國 33 年 9 月 27 日

一、編配課程之原則

　　學員既係專科以上學校畢業生，普通專科以上學校及大學所教之課程，不宜再予編入，以免重複。

　　「台灣接管計劃綱要草案」有數條規定接管後，暫以維持現狀為原則，故本班課程：（一）應注重台灣現在一切制度及設施之研究，使各組學員經此四個月短期之訓練，對其將在台灣主管之事務得有一種概念。（二）次則注重國內制度與台灣制度之比較，以便學員到達台灣以後，酌量參照應用。

二、共同講授科目

科目	內容概要	講授次序	總時間	教官	備考
黨義黨史					
台灣歷史	（一）鄭成功開闢台灣至遜清割讓台灣與日本（包括台灣民主國）（二）日本統治台灣及台人反日運動史				
台灣地理	（一）位置與面積（二）地形（三）河流（四）湖泊（五）海岸（六）氣候（七）居民（八）民情風俗（九）物產（十）畜業（十一）交通（十二）城市				

科目	內容概要	講授次序	總時間	教官	備考
台灣行政組織	（一）台灣總督府（官制，昭和十年） （二）台灣州制 （三）台灣市制 （四）台灣街庄制				
台灣教育制度	（一）概論 （二）初等教育 （三）中等教育 （四）專門教育 （五）結論				
日語日文	（一）會話 （二）文法 （三）日文公文 （四）日文漢翻				
附註	入班考試日文成績在八十分以上者得免讀日文				

三、分組講授科目

說明：

1. 台灣黨務人員可就學員中對於黨務有研究或有興趣者選派，似無專辦黨務組之必要。

2. 台灣教育人才所欠缺者僅為大學教授之一部份及中國國文、國語教員，應另行選派；至教育行政人員所需無多，可就學員中有經驗或有研究者選派，似無專辦教育組之必要。

甲、民政組應開課程及內容概要

　1. 中國外交政策

　2. 日本外交政策

　3. 國際關係

　4. 國際公法

　5. 中國新縣制

　6. 中國役政問題

7. 台灣法令概論：

（1）關於日本法令得在台灣施行之法律（大正十年
法律第三號）；

（2）日本行政諸法台灣施行令（昭和九年修正）；

（3）關於日本法律施行於台灣特例（昭和八年修正）

8. 台灣警察制度

（1）台灣違警法

（2）匪徒刑罰令

（3）犯罪即決例

（4）台灣阿片法

（5）台灣保甲條例

乙、財政組應開課程及內容概要

1. 台灣財務行政

（1）特別會計

（2）租稅制

（3）幣制

（4）銀行

（5）低利貸金

（6）信用組合（合作社）

2. 台灣專賣事業

（1）阿片

（2）食鹽

（3）樟腦

（4）煙草

（5）酒

3. 台灣貿易
　（1）對華貿易
　（2）對日貿易
　（3）對外貿易
4. 台灣糖業：
　（1）台灣糖業之現況
　（2）台灣糖業之將來
　（3）台灣砂糖農業
　（4）台灣砂糖工業
5. 日本郵政
　（1）郵件
　（2）匯兌（為替）
　（3）儲金撥匯（振替儲金）
　（4）電信
　（5）電話
丙、建設組應開課程及主要內容
1. 台灣工礦事業
　（1）一般工業
　（2）特種工業
　（3）一般礦業
　（4）特種礦業
　（5）中央研究所主管工作
2、台灣交通事業
　（1）官有鐵道
　（2）私有鐵道
　（3）海運

（4）航空

3、電氣事業：

（1）台灣電力公司

（2）其他電燈公司

（3）天然氣事業

丁、台灣農林水產

（1）農業

（2）林業

（3）水產業

（4）中央研究所主管工作

戊、公用事業

（1）自來水

（2）水利

i. 公共埤圳

ii. 嘉南大圳

（3）築港

己、司法組應開課程及內容概要

1. 中日民法比較學：包括台人親屬編及繼承編。

2. 中日刑法比較學。

3. 中日民法特別法

（1）公司法

（2）票據法

（3）海商法

（4）保險法等

4. 中日訴訟法比較學：包括台灣法院監獄組織。

5. 國際私法。

四、撰著論文

（一）學員於開學後兩星期以內，預選研究題目兩
　　　種，送由班本部核定，並指定一種，指定教官
　　　經常指導。

（二）學員於論文核定後，即搜集材料，編制目次，
　　　開始撰著。

（三）撰擬論文，除須以台灣各種問題之研究及收
　　　回後之設計為題目外，應注意左列各項：

　　　1. 須提出具體而切實可行之方案。

　　　2. 對於論題有關之現行法令須作詳密之檢討。

（四）論文於結業前一星期應送交班本部，轉請論
　　　文審查委員會審查後交付編印，作為學員之
　　　成績及政府施政之參考。

　　　　　　　　（錄自中國國民黨黨史館藏「特種檔案」）

黃朝琴致陳儀有關搜集台灣資料函——民國 33 年 9 月 30 日

　　公洽主席賜鑒：承賜物色教官一事，遵經前往與中政校程教育長及王副教務主任商談。咸謂：

一、中政校圖書館及研究部日本書籍無多，有關台灣部份者更少。教授中對日本之法律、政治、經濟雖有研究，但甚少有研究台灣問題者。如本班欲聘該校教授講授，應由班本部先事供給大部份教材及參考書。

二、講授時間：因限於交通及原任課程，最好分一次或兩次講畢（正辦理間，接得王副教務主任來函一件，如何答覆之處，乞示覆。又，晤東吳大學法學院院長查良鑑，據云該院教授多係英美留學生，並無日本參考書，故難應命云云）。鄙意關於延聘教授一事，首須決定課程，並搜羅參考資料，然後向各大學接洽，擇其有把握者聘請之。

三、因此，朝琴深感班本部亟須成立資料組或編印組之必要，暫雇用精通中、日文字者數名，擔任編譯教材及四處搜集參考資料工作。

四、擬由資料組根據編定之課程表先向中央大學、復旦大學、南開大學、朝陽學院等各大學及國立中央圖書館、北平圖書館、中央銀行經濟研究所、兩調查統計局、軍委會參事室、軍令部第二廳搜集資料，編成卡片式之書目。

五、由本會再電福建方面設法多寄日人參考書。

六、委請國際問題研究所先將現存有關日本及台灣問題

之參考書，根據本班課程編成書目，以便輪流借閱。

七、外交部已允將英、日文藏書借閱，並電歐、美各館搜集書籍及參考資料。

八、似宜商請台灣黨部、台灣義勇隊就近向回國台胞收集資料。

再，對於本班訓練辦法之鄙見已草就，油印送會彙編，並航寄歐、美各館，依照課程表搜羅參考書。訓練辦法合編後，擬請惠賜一份，藉為搜集資料之標準。專上。敬請道安。

黃朝琴謹肅　三十三年九月三十日

（錄自中國國民黨黨史館藏「特種檔案」）

台灣調查委員會黨政軍聯席會議第一次會議紀錄——民國 34 年 6 月 27 日

時　　間：三十四年六月二十七日上午九時

地　　點：台灣調查委員會會議室

出席人：周一鶚、錢宗起、夏濤聲、王丕承、張壽賢、
　　　　龔作人、沈仲九、何孝怡、陳　儀、謝南光、
　　　　王泉笙、吳　石

主　　席：陳　儀

紀　　錄：康　瑄

行禮如儀。

甲、報告事項

主　　席：本會自去年四月十七日成立以來，工作方面
　　　　　雖著重調查，但有許多問題須與黨政軍密取聯
　　　　　繫，經簽奉總裁批准組織黨政軍聯席會議，以
　　　　　收集思廣益之效。在一年來，本會工作經過情
　　　　　形，先請本會委員錢同志、周同志分別報告，
　　　　　再由本人補充。

錢宗起：報告本會一年來工作狀況（原稿另附）。

周一鶚：台灣行政幹部訓練班工作的大概情形，已由錢
　　　　　同志簡單報告，本人須報告者如下：
　　　　　行政幹部訓練期間是四個月。第一個月是綜合
　　　　　訓練。第二個月以後分組訓練，全班學員分作
　　　　　六組，分配民政組的學員有四十人，佔全班三
　　　　　分之一，財政金融組十六人，其餘工商交通、

農林漁牧、教育、司法四組，人數不等。訓練時我們注意二點：一是台灣法令，在三個月期間內，各組法令都多，先使明白台灣法令的特點，然後與本國法令作初步比較，比較長短，再定採用或廢除：一是接管計劃，接管計劃綱要已簽奉核定，經交與學員作初步研究。三個月分組訓練後，關於法令統計由學員六、七人分為一組，作成研究報告。本年四月二十日結訓，學員中一因患病，一因請假過久，所以結業的只有一百十八名。

銀行調訓班，此班原曾在四聯總處受訓五個月，後以中訓團有台灣幹部訓練班，故要求入團受訓，作特殊訓練。自六月五日開始，學員四十名，在系統上屬於台訓班金融組。訓練方針：一、黨政訓練與台幹班相同；二、使業務人員了解政府接管方針；三、就日人在台灣施政的長短作綜合研究。六月底結束，七月一日舉行畢業式。

在短期間的訓練，要想達到理想的程度，固不可能，但結業學員回到原機關都能發揮所學。如交通部方面即認為回部學員三人均對接管計劃有相當見解及努力。現已派該員等參加草擬交通復員計劃。

第一期台幹班結業以後，經簽准在班內成立研究部。我們對於參加研究的學員，有下列選擇的標準：一、經導師認為對某一問題有研究

者；二、品行修養優良者；三、在研究部研究
而不影響原派機關工作者；四、原無工作者得
先選拔入部研究。結果留部研究的學員共廿七
名，其中廿三名願長期研究，經費由團負擔，
酌給生活費，四名由原機關保留原薪。在管理
便利上分為五組，標準與受訓時不同，人數視
研究問題範圍而定。研究工作進行，分二個步
驟：一、完成以前工作，將以前各學員提出的
報告，加以整理，以供本會參考，如仍有問題
則作成結論。二、台灣法令研究，辨明何者違
反三民主義，何者優長，最後作綜合的精詳研
究，不適用的廢止，優長的修正，再草擬補充
本國將來在台灣施行的法令。此項工作現在已
經開始，部內並舉行分組討論會，以作草擬事
別接管計劃的準備。一月來，學員在研究部繼
續研究，比較在訓練班的效果大。惟將來能到
若何程度，當未可預料。

此外為補充智識起見，舉行全班討論會，涉及
由太平洋的情勢到台灣將來在遠東的地位的各
項問題。其次是舉行演講，以灌輸自然科學、
社會科學、應用科學的智識為主旨。

主　席：本會及訓練班的工作情形，略如錢、周兩同
　　　　志所報告，本人今再補充如下：
　　　　關於收復台灣，感到許多條件是未知數，就
　　　　是美軍何時在台登陸？登陸是否完全由美軍？
　　　　或由我國軍隊參加？有這幾個未知數，我們的

計劃就不能圓滿設計。接收台灣最重要的是人的問題。台灣不如東北四省，東北的行政官是中國人，日本人不過處於輔助的地位；台灣則不同，相當於委任官的人員就很少是台灣人，薦任以上的官更不用說，台人充雇員的很多，尤其在農林方面。中級以上的人員，就要由我國派員補充。台灣與東北在言語文字上亦不同，台灣民間說的是閩粵語，普遍通行的又是日語，官廳文告用的是日文，因有這種種特殊情形，故必須訓練人才。但人才需要多少？何時需要？也是一個未知數。所以訓練人數寧可少，學員多由各機關保送，經過甄別、試驗，故結果只有一百廿人。結訓後，恐盟軍尚不能登陸台灣，大部分都發回原機關服務，只留廿七人在研究部工作。台灣的法令很完備細密，而將來接收，即須利用法規，如舊的廢止，新的未制定，社會秩序人民生活都失了準繩，就非常困難，故留研究部學員，即令其對法規作詳盡的研究，而台幹班設立研究部的主旨亦在此。

到台灣去的憲兵亦重要，必須懂得言語，知識水準亦要比內地高，此話曾與憲兵司令談過。警察幹部亦以這種標準選訓了三十八人，去年原已準備結業後赴閩，再訓練警官二百名以內，警長四百名，但因交通關係不能成行，只有主持負責的八人赴閩，警官、警長訓練期間

只有四個月，結訓後如無工作，即無法維持，而且何時赴台亦不得而知，故近已電胡福相同志，訓練要重質不重量，不必一味求名額之多。同時日本警察的程度高，將來我們如隨便派人去，與人民接觸的機會多，素質不好，給予台人的印象亦不好，所以人才的儲備有相當困難。

我國過去沒有建設，所以感覺人才過剩，將來復興工作忙，人才必感缺乏，更影響到台灣的人才。二萬多日本的公教人員走後，低級的台灣人自須提拔任用，但我們所派去的領導人員水準必須高，所以選拔優秀的人員到台灣去工作，這是相當嚴重的一個課題。

其次到台灣的施政方針，希望能整個一致，黨政軍澈底實行三民主義。台灣是新闢的園地，凡是總理的理想和遺教，希望到台灣去實現。凡到台灣去工作的人員，不要為個人的福利而去，必須澈底信仰三民主義，為民眾謀福利。總理在經濟上認為個人資本主義在現代是不行的，故提倡民生主義，在政治上認為獨斷專政亦不行，所以採用民主，創造民權主義，以適應世界潮流。台灣在日人統治之下已是資本主義化，但我們收復後，對於一切產業必須國有或公營。如銀行須國有，土地實行耕者有其田，市地收為國有，交通事業公營。或以為這是高調，其實不然，只要打破做官主義，廢

除士大夫的私心和惰性，而意志集中，見解一
致，我想一定可以做得到。

現在一般人的見解以為資本萬能，我則以為有
資本不過比較便利，並非一切都非資本不行。
因為國家的政策即是資本，如蘇聯革命以後，
其貧窮不亞於我國，但是她在兩個五年計劃
後，就建設成一個工業化的國家，她所需要的
資本就是政策。將來國際投資我們是歡迎的，
不過民生主義是犧牲不得的，建設之權必須操
之在我，是放棄不得的，所以我們非信仰三民
主義，將政策把握住不可。

至於各種技術及學識，過去都不甚注意，今後
如有計劃建設，我們在台灣必須訓練技術，獎
勵學術。過去在台灣只有帝國主義的學術，而
形而上的藝術的研究亦為日人所不許，收復台
灣後必須提倡大眾化的學術，培養形而上的藝
術。日本人以台人為帝國主義的工具，反之，
我們到台灣去，必須有很好的人才訓練，將台
人養成為大眾謀福利的工作人員。台灣公務人
員的生活亦須切實加以保障，生活安定以後，
在工作上就可用其全知全能貢獻國家，免得為
個人生活打算。在歐美學校裡，中國學生和歐
美學生的成績是一樣的，甚至中國學生比歐
美學生的成績好，但畢業以後，歐美人都以全
知全能來對付職務，但在我國的效率都不行，
癥結就在制度不切實，假使我們的人事制度、

會計制度都辦得好，一切事業都不會出毛病，
公家經營的事業也不會蒙損失了。在個人經營
的事業，縱令成績好，亦只限於小規模的。我
國人經營小規模事業的才能比各國人都強，但
經辦到規模大的股份公司，就弊病叢生，很少
有成績好的，這就是因為沒有現代化的人事
制度和會計制度的緣故。從業的人員，對於工
作、生活，都沒有保障，所以有職業的時候不
免發生貪心，財物過手，便思揩油，以為失業
時的未雨綢繆。因此，大規模的事業，不問其
為國家經營，或人民股份公司的經營，都是辦
不好的。倘使這些制度上的缺點，能迅速切實
地改正過來，我想國營事業是辦得好的。加以
中國是普遍的窮，富人很少，有技術的人，未
必同時有資本，欲向有錢的人籌集點資本，是
一件很難的事。我們不要以為長官上司的面孔
難看，資本家的面孔，才真真的難看。所以優
秀的技術人員，在這種狀況之下，會感覺與其
替資本家做事，不如替國家替民眾服務，來得
好，結果都可以為國家事業機關所吸收，事業
更可以得到進展。在本人確信事業國營有利，
這種信仰，希望各機關多方贊助去實行，並且
在台灣全島實現全部的總理遺教，如有好的
成績，可以影響國內。日本人在台灣實施的事
業，失敗的亦很多，但他們隨時不斷的改善，
如日月潭的水力電廠，就是經過好幾次失敗，

才建設起來的。只要我們有信仰有毅力，事業沒有不成功的，這一點是本人對於赴台工作人員的希望，尤希望赴台的黨軍方面能夠切實配合。

以後接收台灣對於台灣私人在各種事業的股份必須承認，並希望能成立台灣省銀行，以作省營事業金融的中樞。本人主閩之初，福建尚無省銀行，那時一年的收入只有四百八十萬元，有時需要向中、中、交、農通融借款，即三、五十萬元亦非常困難麻煩。到二十五年下半年，以五十萬元資金開辦省銀行，此後將省營事業，逐漸發展，陸續增設貿易公司、運輸公司及企業公司等，到三十年初，為福建製造省有的資本已不下三千萬元。像福建那樣窮乏的省分，在這短短的幾年中，尚可做出這些成績，其他富饒的省份，一定更容易發展。根據這一個經驗，所以確信欲製造國家資本，並不是一件困難的事。

至於工作人員的待遇，必須同工同酬，經濟機關縱令較好，亦不讓超過百分之十。生活有保障，學術有獎勵，使公務人員能得到做人的樂趣，台灣在這方面的條件夠，我想是可能做到的。

日本人在台灣的政策不好，但在工作上是好的，好的我們可以保留，壞的我們應該廢棄。國內的惡習尤希望不要帶到台灣去。

本人的報告大致如此。關於接收台灣的工作，希望各方面與以援助，提出意見在本聯席會議共同商量。本會的工作情形，請各位出席代表報告主管長官。如各位有所指示，請多多發揮。

夏濤聲： 據報逃回祖國的台人，為祖國盡力之志至為殷切，近日人數逐漸增加，希望有關機關，加以收容招待。

張壽賢： 軍事委員會對於來歸的台灣人及台、鮮俘虜，已擬有收容辦法，尤各戰區方面軍指定部隊，在鄰近前線地區，設立若干收容所後，然後送往指定地區，如攜有槍械，依規定獎勵，再由長官部編組訓練，分配黨政軍機關運用，此事日前已開會商討一次。

乙、討論事項

一、張壽賢、吳石提議：關於回歸祖國之台胞及台俘收容運用詳細計劃，可否請台灣調查委員會擬定？請公決案。

決議：由台灣調查委員會建議各有關機關會商辦理。

散會：上午十一時三十分。

附件：台灣調查委員會一年來工作狀況（錢宗起報告原稿）

（一）擬定計劃

本會自去（三十三）年四月十七日成立以來，即著

手編擬台灣接管計劃綱要，提經本會歷次委員會開會討論，並送中央設計局各有關組處，陸續簽註意見，又經根據國防最高委員會頒布之復原計劃綱要，加以整理，計成十六項八十二條，當於十月廿七日簽呈總裁鑒核。並分送設計局彙辦，本年三月廿三日業奉總裁修正頒發。

（二）訓練人才

　　台灣行政幹部訓練辦法去年八月初擬具呈奉總裁，電飭與東北幹部人才之訓練合併辦理。嗣由中央秘書處主辦會同中央設計局、中央訓練團、訓練委員會、東北調查委員會，及本會商擬東北、台灣黨政幹部訓練辦法九項，簽奉總裁核准，訓練由中訓團主辦，學員由各機關選送，經甄審試驗後，共計錄取一百二十名，大多數係國內外畢業，第一期於十二月廿五日開課，分六組訓練，本年四月二十日結業。繼於中訓團台幹班成立台灣研究部，選拔結業學員中之優秀者予以進修機會。

　　警察幹部之訓練，去年八月初簽奉總裁核准，飭與中央警官學校會同辦理，訓練事宜由中央警校主辦，定名為台灣警察講習班，本會專任轉門委員胡福相受聘為班主任。選拔優秀警官三十六名，於十月二日開課，十二月二十二日結業。按原定計劃，第一期學員結業後，即派赴閩省陸續訓練中級以下之幹部，惟因東南交通梗阻，畢業學員一時無法赴閩，乃先派胡福相於本年一月六日飛贛轉福建長汀，會同中央警校東南分校主辦台警幹部訓練班事宜。嗣據電報高級幹部已於三月十五日開始訓練。校址原設長汀，因校舍不敷，現

已遷往三元梅列，至留渝學員，仍在待命，俟交通可
能即行赴閩。

（三）蒐集資料

本會在去年三月奉令設立後，即著手資料之蒐集，
除分函本局各處組室及有關機關供給外，並設法在閩向
私人借用，五月底運到台灣法令統計報告等十五部，
十一月底運到各種法規統計資料二十餘冊。後又帶到台
灣新近官報及報紙多份。本年三月承駐美大使館以台灣
資料一部，攝成影片寄外交部轉送本會，本月復送來新
資料影片四部，正放映抄錄中。此外台胞革命同志，不
斷來渝，所述近年台灣實況，足供參考者亦經擇要紀
錄。十一月間本會兼任專門委員馬廷英搜集資料繪製
二十萬分之一琉球地圖一份，送軍令部備用，並調查十
萬分之一台灣地圖，介紹軍令部翻印。

（四）編輯刊物

資料蒐集後由本會同人加以整理，分別部門，進行
台灣概況之編輯。去年七月二十五日台灣概況之第一分
冊「日本統治下的台灣行政制度」即已編成，不久又編
竣「台灣交通」，均經油印分送設計局各組處參考。在
台灣行政幹部訓練班開課以前，先後編齊教育、財政、
社會事業、衛生、戶政、貿易、警察制度、專賣事業、
金融九種概況，同時聘請專家編譯之工業、糖業、電氣
煤氣及自來水、農業、水產、林業、礦業、水利等八
種，亦陸續脫稿。概況計十九種，共得四十餘萬言，
均送由中訓團印訂，嗣又編印百萬分之一台灣地圖，
併同上述概況送備台幹部班學員修學之用，並分送各

機關參考。

（五）選譯法規

　　本會因於去年十一、十二兩月，將全部台灣法規，分為行政、司法、教育、財物、金融、工商交通、農礦漁牧七大類，由本會同人，並分聘專家分別主持，擇要翻譯，共得一百五十萬字，由中訓團印成四十三冊，以供台幹班學員及各機關參考。

（六）專題研究

　　本會為在收復台灣之前，對各種設施，先做準備，擬訂具體方案，以為接收時之依據，經先成立行政區劃、土地問題、公營事業三個研究會。除派本會專員以上人員參加外，並函聘設計局主管組、各主管部署人員及有學識經驗之台胞為會員。土地問題研究會由本會委員錢宗起主持，於二月二十四日成立，至五月廿九日結束。行政區劃研究會由委員夏濤聲主持，二月廿七日成立，四月二十日結束。兩研究會均經作成報告書，擬提出下次委員會核辦。公營事業研究會由專門委員何孝怡主持，三月六日成立，現正分組詳擬接收方案，俟意見集齊，即可會商決定結束。

　　　　　　　（錄自中國國民黨黨史館藏「特種檔案」）

幹部班學員考選辦法

每期受訓學員人數種類（如黨務、民政、財政、教育、實業等）及資格（因高級幹部、中級幹部而有不同）等由東北調查委員會、台灣調查委員會擬送甄選委員會決定後，由該會函請中央黨部、各有關部會署及東北四省政府就其現有職員中，合於資格，成績優良，自願將來到東北或台灣服務者，保送若干名（須附詳細履歷，其名額每期不同，由甄選會定之）。一面公開徵求，願應徵者，需開具詳細履歷，並附自傳證件，有論著者附論著。甄選會先審查保送、徵求兩項人員資格、經驗；審查合格後，舉行考詢，考詢分筆試、面試兩種，其辦法另定之。

（錄自中國國民黨黨史館藏「特種檔案」，特 304.14）

民國日記 32
唐秉玄台幹班日記
（1944-1945）
The Diary of Tang Ping-hsuan, 1944-1945

原　　著　唐秉玄
總 編 輯　陳新林、呂芳上
主　　編　劉明憲
執行編輯　高純淑
文字編輯　李佳若、詹鈞鋕
封面設計　陳新林
排　　版　溫心忻

出 版 者　🛡 開源書局出版有限公司

　　　　　香港金鐘夏慤道 18 號海富中心
　　　　　1 座 26 樓 06 室
　　　　　TEL：+852-35860995

　　　　　🌼 民國歷史文化學社 有限公司

　　　　　10646 台北市大安區羅斯福路三段
　　　　　　　37 號 7 樓之 1
　　　　　TEL：+886-2-2369-6912
　　　　　FAX：+886-2-2369-6990

銷 售 處　源流成文化 股份有限公司

　　　　　10646 台北市大安區羅斯福路三段
　　　　　　　37 號 7 樓之 1
　　　　　TEL：+886-2-2369-6912
　　　　　FAX：+886-2-2369-6990

初版一刷　2020 年 3 月 31 日
定　　價　新台幣 330 元
　　　　　港　幣 85 元
　　　　　美　元 12 元
I S B N　978-988-8637-61-4
印　　刷　長達印刷有限公司
　　　　　台北市西園路二段 50 巷 4 弄 21 號
　　　　　TEL：+886-2-2304-0488